D1729171

Teigwaren auf neue Art

EINBAND

In dieser Nudelvorspeise sorgen feine Streifen von kurz gegarten Möhren und Zucchini für appetitanregende Farbe und Struktur. Rote Zwiebeln und Knoblauch verleihen diesem feinen Vorgericht (Rezept S. 48) einen ausgeprägten Geschmack, ohne überflüssige Kalorien zu liefern.

TIME-LIFE BÜCHER

LEITUNG DER EUROPÄISCHEN REDAKTION:
Ellen Phillips
Direktoren des Designs: Ed Skyner, Mary Staples
Leitung der Administration: Gillian Moore
Chefassistentin: Ilse Gray

Korrespondentinnen: Elisabeth Kraemer-Singh (Bonn); Dorothy Bacon (London); Maria Vincenza Aloisi; Josephine de Brusle (Paris); Ann Natanson (Rom).

KINDER ENTDECKEN . . .
REISE DURCH DAS UNIVERSUM
GEHEIMNISSE DES UNBEKANNTEN
SPEKTRUM DER WELTGESCHICHTE
FIT UND GESUND
GESUNDE KÜCHE FÜR GENIESSER
COMPUTER VERSTEHEN
VERZAUBERTE WELTEN
LÄNDER DER ERDE
HANDBUCH DES HEIMWERKERS
KLASSISCHE REISEBERICHTE
DER PLANET ERDE
VÖLKER DER WILDNIS
DIE GESCHICHTE DER LUFTFAHRT
DIE SEEFAHRER
DER ZWEITE WELTKRIEG
DIE KUNST DES KOCHENS
DER WILDE WESTEN
HANDBUCH DER GARTENKUNDE
DIE GROSSEN STÄDTE
DIE WILDNISSE DER WELT
DIE PHOTOGRAPHIE
DIE WELT DER KUNST
ZEITALTER DER MENSCHHEIT
WUNDER DER WISSENSCHAFT
WUNDER DER NATUR

Seventh German printing 1990.

ISBN 90-6182-892-9

GESUNDE KÜCHE FÜR GENIESSER

DIREKTOR DER REIHE: Dale M. Brown
Stellvertretende Chefredakteurin: Barbara Fleming
Administration der Reihe: Elise Ritter Gibson
Designer: Herbert H. Quarmby
Bildredakteurin: Sally Collins
Photographin: Renée Comet
Textredakteur: Allan Fallow
Redaktionsassistentin: Rebecca C. Christoffersen

Redaktionsstab für *Teigwaren auf neue Art:*
Projektmanagerin: Barbara Sause
Assistentin der Bildredakteurin: Scarlet Cheng
Text: Margery A. duMond
Dokumentation/Text: Jean Getlein
Textkoordination: Marfé Ferguson, Elizabeth Graham
Bildkoordination: Linda Yates
Assistentin der Photographin: Rina M. Ganassa

EUROPÄISCHE AUSGABE:
Designerin: Lynne Brown
Textredakteurin: Wendy Gibbons
Produktionsleiterin: Nikki Allen
Produktionsassistentin: Maureen Kelly

DEUTSCHE AUSGABE:
Leitung: Marianne Tölle
Textredakteurin: Ulla Dornberg

Aus dem Englischen übertragen von Angelika Feilhauer und Cornell Erhardt

KÖCHE

ADAM DE VITO begann seine Lehre als Koch im Alter von 14 Jahren. Er arbeitete im Restaurant Le Pavillon in Washington, D. C., unterrichtete zusammen mit der Kochbuchautorin Madeleine Kamman und leitete Kurse an der Académie de Cuisine im Staat Maryland. Von ihm stammen die meisten Rezepte.

HENRY GROSSI erwarb sein Diplom an der École de Cuisine La Varenne in Paris. Anschließend avancierte er zum stellvertretenden Direktor der Schule und zu deren nordamerikanischem Geschäfts- und Publikationskoordinator.

JOHN T. SHAFFER ist Absolvent des Culinary Institute of America in Hyde Park in New York. Er hat umfangreiche Erfahrungen als Koch und arbeitete unter anderem fünf Jahre im Four Seasons Hotel in Washington, D.C.

BERATER

CAROL CUTLER ist Autorin zahlreicher Kochbücher. Sie lebte zwölf Jahre in Frankreich, studierte während dieser Zeit an der Cordon Bleu und an der École des Trois Gourmandes und sammelte weitere Erfahrungen bei zahlreichen Chefköchen. Sie ist Mitglied des Cercle des Gourmettes sowie Gründungsmitglied und ehemalige Vorsitzende von Les Dames d'Escoffier.

NORMA MACMILLAN hat selbst mehrere Kochbücher verfaßt und zahlreiche weitere herausgegeben. Sie arbeitete an verschiedenen Publikationen über Kochen mit, darunter *Grand Diplôme* und *Supercook*. Sie lebt und arbeitet in London.

SHARON FARRINGTON ist eine auf Essen und Trinken und fernöstliche Küchen spezialisierte Publizistin und Beraterin und hat den Großteil der im Kapitel über asiatische Teigwaren enthaltenen Rezepte entwickelt. Sie wuchs im Staat Oregon an der Westküste der Vereinigten Staaten auf und hatte Gelegenheit, sich anläßlich eines längeren Aufenthalts in Thailand eingehend mit der asiatischen Küche zu befassen.

PAT ALBURY ist eine diplomierte Hauswirtschaftsleiterin, die Kochkurse geleitet und sich auf Foodstyling und die Erarbeitung neuer Rezepte spezialisiert hat. Sie war an der Entwicklung mehrerer Kochbücher beteiligt, darunter – als Studioberaterin – auch der Time-Life-Kochbuchserie DIE KUNST DES KOCHENS.

INGEBORG HUSEMEYER ist Ernährungsberaterin der Deutschen Gesellschaft für Ernährung und seit 1973 Chef-Diätassistentin an einem Universitätsklinikum in München.

ERNÄHRUNGSWISSENSCHAFTLICHE BERATER

JANET TENNEY beschäftigt sich mit Ernährungs- und Verbraucherfragen, seit sie ihr Studium der Ernährungswissenschaft an der Columbia University in New York abschloß. Bei einer großen Supermarktkette ist sie verantwortlich für die Entwicklung und Durchführung von Ernährungsprogrammen.

PATRICIA JUDD ist Diätspezialistin und arbeitete in einem Krankenhaus, bevor sie an die Universität zurückkehrte, um den Master of Technical Science zu erwerben und zum Doctor of Philosophy zu promovieren. Seit zehn Jahren lehrt sie Ernährungswissenschaft und Diätetik an der London University.

Die Nährwertanalysen für *Teigwaren auf neue Art* stammen aus dem amerikanischen Practorcare's Nutriplanner System und anderen aktuellen Unterlagen.

Dieser Band ist Teil einer Reihe illustrierter Kochbücher, deren Schwerpunkt auf kalorienarmer, gesunder Ernährung liegt.

GESUNDE KÜCHE FÜR GENIESSER

Teigwaren auf neue Art

VON DER

REDAKTION DER TIME-LIFE BÜCHER

TIME-LIFE BÜCHER, AMSTERDAM

Inhalt

Tomaten-Tagliatelle mit Artischocken und Minze

Conchiglie mit Jakobsmuscheln

Teigtaschen mit Krebsfleisch

Eiernudeln mit Mohn, Joghurt und Champignons

Spaghetti mit Basilikum, Pinienkernen und Käse

Entenfleisch-Wan-tans

Japanische Sommernudeln mit Garnelen

Ein Hoch auf die Pasta!

Teigwaren sind nicht nur leicht zuzubereiten und preiswert, sondern sie sind dazu auch noch gesund. Auch wer auf seine schlanke Linie achtet, braucht auf Nudeln nicht zu verzichten – vorausgesetzt natürlich, daß die Saucen dafür nicht zu gehaltvoll sind.

Was aber ist nun das Besondere an Pasta? Einerseits die im Weizenmehl enthaltene Stärke, die als komplexes Kohlenhydrat ebensoviel Energie liefert wie reines Protein. Andererseits die leichte Verdaulichkeit von Teigwaren und das Sättigungsgefühl, das sie vermitteln. Dennoch enthalten Teigwaren verhältnismäßig wenig Kalorien: So liefern etwa 150 g gegarte Spaghetti ganze 200 Kalorien – nicht einmal halb soviel wie ein gleich schweres Steak.

Nudeln besitzen aber noch weitere Vorzüge: Das in ihnen enthaltene Protein weist bis zu sechs der insgesamt acht für den Stoffwechsel essentiellen Aminosäuren auf. Um aus Teigwaren eine vollwertige, noch eiweißreichere Mahlzeit zuzubereiten, genügt schon etwas Fleischsauce oder geriebener Käse. Darüber hinaus enthalten Teigwaren Niacin, Thiamin und Riboflavin, Kalzium und Eisen sowie Ballaststoffe, sofern sie mit Vollkornmehl zubereitet wurden. Mit einer überlegt gewählten Sauce, einem frischen grünen Salat und einem Obstdessert kann man mit Teigwaren eine perfekte Mahlzeit zusammenstellen, die köstlich und wohlschmeckend zugleich ist.

Köstliche Vielfalt

Im herkömmlichen Sinne versteht man unter Pasta Teigwaren aus Mehl und Wasser (und häufig auch Eiern). In diesem Buch wurde diese Definition erweitert, um auch asiatische Nudeln aufnehmen zu können, zu deren Herstellung neben Weizenmehl auch Reis-, Mungobohnen- und Buchweizenmehl sowie andere Zutaten verwendet werden. Die im Handel angebotenen Fertignudeln werden im allgemeinen aus eiweißreichem Hartweizengrieß hergestellt, dem grobgemahlenen Endosperm des Durumweizens. Man verknetet den Hartweizengrieß mit Wasser, wodurch der Kleberanteil aktiviert wird und ein geschmeidiger Teig entsteht. Dann wird er maschinell in Form gepreßt oder gestanzt. Abschließend werden die entstandenen Nudeln sorgfältig getrocknet. Zur Herstellung von Eiernudeln, die insbesondere in Deutschland sehr beliebt sind, werden dem Teig Eier zugefügt. Die meisten Fertignudeln sind sehr lange haltbar und können an einem trockenen Platz bis zu zwei Jahre gelagert werden.

Während bei Fertigteigwaren Sorten aus Hartweizengrieß am besten sind, kann für selbstgemachte frische Nudeln normales Mehl verwendet werden. In diesem Buch wird für frische Nudeln gewöhnliches Mehl verwendet beziehungsweise eine Mischung aus feinem Hartweizengrieß und Mehl. In den Rezepten ist zwar angegeben, wieviel Wasser für einen Nudelteig jeweils benötigt wird, da das Aufnahmevermögen einzelner Mehle jedoch unterschiedlich ist, muß eventuell noch Wasser hinzugefügt werden, falls sich der Teig nicht von Hand oder mit der Nudelmaschine gut ausrollen läßt.

Die folgenden vier Kapitel singen ein Loblied auf die Vielseitigkeit von Teigwaren. Bei den meisten der vorgestellten Rezepte handelt es sich um Hauptgerichte, daneben finden sich jedoch auch Vorspeisen und Beilagen. Der erste Teil befaßt sich mit frischen Teigwaren und zeigt anhand von Schrittfotos, wie Teigwaren hergestellt und schmackhaft gefüllt werden. Im zweiten Kapitel geht es um die unzähligen Verwendungsmöglichkeiten von Fertigteigwaren, darunter auch Eiernudeln. Der dritte Teil erkundet die Welt der asiatischen Teigwaren, und auch hier wird anhand von Schrittfotos ihre Herstellung demonstriert. Im vierten Kapitel findet sich eine Vielfalt von Gerichten für das Garen im Mikrowellengerät.

Da Teigwaren in vielen Größen und Formen angeboten werden, sind auf S. 44–45 sowie 102–103 alle in den Rezepten verwendeten Nudelsorten abgebildet und mit den Bezeichnungen versehen, unter denen sie üblicherweise verkauft werden.

Wer Fertignudeln einkauft, sollte sich anhand des Etiketts über die verwendeten Zutaten informieren. Bei italienischer getrockneter Pasta handelt es sich vorwiegend um Nudeln, die aus Durum-Weizengrieß oder -mehl ohne Zugabe von Eiern hergestellt wurden, bei deutschen Fertignudeln dagegen vorwiegend um Eierteigwaren. Trockennudeln von guter Qualität haben eine glatte Oberfläche und weisen weder Risse noch Flecken auf; Frischeiteigwaren sollten eine intensiv goldgelbe Farbe haben. Gute Nudelsorten können ihr Volumen beim Garen fast verdreifachen und haben einen leicht nußartigen, feinsüßen Geschmack.

Für das Garen von Nudeln gelten zwei Regeln: Sie müssen in reichlich kochendem Wasser schwimmen und dürfen nicht zu weich gekocht werden (siehe auch Kasten S. 9). In der Regel wird in den hier vorgestellten Rezepten Salzwasser verwendet, die angegebenen Salzmengen sind jedoch kleiner als in vielen anderen Kochbüchern. Ganz ohne Salz gegart schmeckt Pasta aber fad, außer sie wird mit einer sehr würzigen Sauce serviert.

Die Größe der Portionen

In diesem Buch wird für eine Einzelportion immer die gleiche Standardmenge angegeben, die auch von den meisten Teigwarenherstellern empfohlen wird, das heißt 60 g getrocknete beziehungsweise 150 g gegarte Nudeln. Viele werden aber sicher der Meinung sein, daß dies – zumindest als Hauptgericht – doch recht gering bemessen ist. Die Portionsgrößen sollten deshalb jedem selbst überlassen sein, solange man nicht vergißt, daß reichlichere Portionen auch mehr Kalorien liefern, die bei anderen Mahlzeiten des Tages wieder eingespart werden müssen, damit der tägliche Kalorienbedarf nicht überschritten wird.

Für die Saucen sind in den Rezepten frische Zutaten angegeben, weil sie am besten schmecken und am nährstoffreichsten sind. Da jedoch saftige, ausgereifte Tomaten nicht immer erhältlich sind,

Der Schlüssel zu einer besseren Ernährung

In diesem Buch sind neben den Rezepten bestimmte in einer Portion des jeweiligen Gerichts enthaltene Nährstoffe angegeben, wie in dem Beispiel rechts gezeigt. Die Zahlen beziehen sich auf Kalorien bzw. Joule, Protein, Cholesterin, die Gesamtmenge an Fett, gesättigte Fettsäuren (die den Cholesterinspiegel des Blutes erhöhen) und Natrium.

„Gesunde Küche für Genießer" wendet sich an gewichts- und gesundheitsbewußte Menschen von heute; alle Rezepte wurden auf Richtlinien abgestimmt, die von Ernährungswissenschaftlern erstellt worden sind. Das Geheimnis einer guten Ernährung beruht auf einer ausgewogenen Verwendung der verschiedenen Nahrungsmittel. In den Industrieländern nehmen die Menschen zu viele Kalorien zu sich; ihre Nahrung enthält zu große Mengen an Zucker, Salz und Fett – ja selbst an Protein.

Anwendung zur Tabelle

Die Tabelle unten enthält Richtwerte für gesunde Männer, Frauen und Kinder. Die Empfehlungen für die Zufuhr der einzelnen angegebenen Nährstoffe variieren von Land zu Land, doch stimmen die Institutionen, die die Forschungen durchgeführt haben, im Grundsätzlichen überein. Die Angaben über Kalorien bzw. Joule und Protein beruhen auf den Forschungsergebnissen der Deutschen Gesellschaft für Ernährung (DGE), die Angaben über die Fettzufuhr stammen von dem National Advisory Commitee on Nutrition Education (NACNE) in Großbritannien und die über Cholesterin und Natrium von der Weltgesundheitsbehörde (WHO).

Die Bände erheben nicht den Anspruch, Diät-Kochbücher zu sein, noch beschränken sie sich auf Naturkost, sondern sie plädieren für eine vernünftige, maßvolle Verwendung von Salz, Zucker, Sahne, Butter und Öl; dafür enthalten die Rezepte viele andere Zutaten, die ebenfalls zum guten Geschmack und Gelingen der Gerichte beitragen. Dazu gehören Kräuter, Gewürze, aromatische Gemüse und Früchte, Schalen von Früchten und Fruchtsäfte sowie verschiedene Weine und Essigsorten. Für die Rezepte sollte man nur frische Lebensmittel verwenden. Die meisten Zutaten bekommt man in jedem gut sortierten Lebensmittelmarkt, in Ausnahmefällen sind sie nur in Spezialitätenläden erhältlich. Wenn eine Zutat möglicherweise nicht ohne weiteres erhältlich ist, wurde ein Ersatz angegeben, der in der Nährwertanalyse aber nicht berücksichtigt ist.

Kal. **285**
Joule **1195**
Prot. **11 g**
Chol. **4 mg**
Fett insg. **6 g**
Ges. Fetts. **2 g**
Natr. **350 mg**

In den Time-Life-Versuchsküchen sind Töpfe und Pfannen mit schweren, dicken Böden verwendet worden, in denen die Speisen auch dann nicht anbrennen, wenn man nur wenig Fett dazugibt. Man kann jedoch auch beschichtetes Kochgeschirr benutzen. Zum Sautieren wurden kaltgepreßtes Olivenöl und Sonnenblumenöl bevorzugt. Sonnenblumenöl hat einen hohen Anteil an mehrfach ungesättigten Fettsäuren, die den Cholesterinspiegel des Blutes senken können. Kaltgepreßtes Olivenöl (naturreines Olivenöl, auch Jungfernöl genannt) wird wegen seines feinen, fruchtigen Geschmacks verwendet. Darüber hinaus ist es – wie jedes Olivenöl – reich an einfach ungesättigten Fettsäuren, die den Cholesterinspiegel des Blutes nicht erhöhen sollen. Ist kaltgepreßtes Olivenöl nicht erhältlich, kann man es durch „reines" Olivenöl (eine Mischung aus raffiniertem und naturreinem Olivenöl) ersetzen.

Zeitplanung

Bei allen Rezepten finden sich Zeitangaben. Unter Berücksichtigung der Tatsache, daß jeder sein eigenes Arbeitstempo hat und die Temperaturen von Herden und Backöfen nicht einheitlich sind, wurde für jedes Gericht eine durchschnittliche „Arbeitszeit" und „Gesamtzeit" angegeben. Die Arbeitszeit entspricht der für die Zubereitung aufgewendeten Zeit, die Gesamtzeit umfaßt auch jene Zeit, während der das Essen (unbeaufsichtigt) gart, sowie alle anderen Zeiten, die zum Marinieren, Einweichen oder Ziehenlassen der verschiedenen Zutaten erforderlich sind.

Empfehlungen für die Nährstoffzufuhr

		Tägliche Durchschnittsmenge			**Tägliche Höchstmenge**			
		KALORIEN	JOULE	PROTEIN g	CHOLESTERIN mg	FETT INSGESAMT g	GESÄTTIGTE FETTSÄUREN g	NATRIUM mg
Weiblich	7–9	1900	7950	40	300	80	32	2000*
	10–12	2200	9200	45	300	77	35	2000
	13–14	2500	10460	55	300	81	36	2000
	15–18	2400	10040	50	300	81	36	2000
	19–35	2200	9200	45	300	81	36	2000
	36–50	2000	8370	45	300	81	36	2000
	51–65	1800	7530	45	300	72	32	2000
	über 65	1700	7110	45	300	72	32	2000
Männlich	7–9	1900	7950	40	300	80	33	2000
	10–12	2300	9620	45	300	77	38	2000
	13–14	2700	11300	60	300	99	44	2000
	15–18	3000	12550	60	300	108	48	2000
	19–35	2600	10880	55	300	109	48	2000
	36–50	2400	10040	55	300	104	35	2000
	51–65	2200	9200	55	300	104	35	2000
	über 65	1900	7950	55	300	91	40	2000

*(oder 5 g Kochsalz)

wurden in den Rezepten ersatzweise auch Tomaten aus der Dose aufgeführt, die ein besseres Aroma als Tomatenmark haben; nach dem Abtropfen lassen sie sich mühelos pürieren oder hacken. Eine gute Tomatensauce gehört zu den großen Gaumenfreuden der italienischen Küche und sollte nicht durch minderwertigen Parmesankäse aus der Tüte entwürdigt werden. Frisch geriebener, aromatischer Käse ist hier ein absolutes Muß.

Teigwaren, in kleineren Mengen serviert – vor allem ohne allzu gehaltvolle Saucen –, müssen nicht dick machen. Und wirkliche Nudelexperten wie die Italiener wissen, wie Nudelsaucen richtig verwendet werden, nämlich in kleinen Mengen. Sie wissen auch, wie man Pasta wirklich genießt – mit der uneingeschränkten Sinnenfreude, die dieses wundervoll vielfältige und dennoch erstaunlich einfache Nahrungsmittel inspiriert.

Die richtige Garmethode

Teigwaren richtig zu garen ist ganz einfach, und doch kommen sie immer wieder zu weich und klebrig auf den Tisch. Dabei müssen nur wenige Punkte berücksichtigt werden, damit Nudeln jedesmal perfekt gelingen.

☐ Einen großen Topf und reichlich Wasser verwenden, denn Nudeln schwimmen gern.

☐ Das Wasser muß sprudelnd kochen, bevor das Salz dazugegeben wird.

☐ Wenn das Wasser sprudelnd kocht, die Nudeln hineinschütten und umrühren.

☐ Den Deckel auflegen, so daß das Wasser rasch wieder zum Kochen kommt. Dann den Deckel abnehmen, damit das Wasser nicht überkocht, und die Temperatur so einstellen, daß es leicht weitersimmert.

☐ Sobald das Wasser wieder zu kochen beginnt, die Zeit nehmen. Um die Garprobe zu machen, in eine Nudel beißen: Ist sie *al dente* – hat sie also noch Biß, aber keinen mehligen Beigeschmack mehr –, sind die Nudeln fertig. Frische Teigwaren, die mehr Feuchtigkeit enthalten, garen schneller als getrocknete Fertignudeln. Mit zunehmender Lagerzeit werden sie meist auch trockener und müssen daher länger gekocht werden.

☐ Die Nudeln sofort abgießen und gut abtropfen lassen.

☐ Die Sauce sofort über die Nudeln geben, damit sie nicht zusammenkleben, und alles gut mischen, um die Sauce gleichmäßig zu verteilen.

ANMERKUNG: *Sämtliche Rezepte für getrocknete und frische Teigwaren geben eine Garzeit an bzw. empfehlen, wann die erste Garprobe gemacht werden soll. In der Regel werden folgende Wasser- und Salzmengen verwendet:*

Teigwaren	Wasser	Salz
125 bis 175 g	2 l	1 TL
250 bis 300 g	3 l	1 ½ TL
350 bis 500 g	4 l	2 TL

1

Die zu Nestern aufgedrehten Nudeln wurden mit so unterschiedlichen Teigzutaten wie Kakao, Möhren, roten Rüben, Tomaten und Spinat gefärbt.

Nudeln selbst herstellen – ein Vergnügen

Hausgemachte Pasta schmeckt nicht nur besser als im Laden gekaufte, sondern es macht dazu auch noch Spaß, Nudeln selbst herzustellen.
Dabei kann man mit einer Vielfalt an Formen experimentieren – vielleicht sogar eigene erfinden – und verschiedene aromatisierende Zutaten sowie farbenfrohe Gemüsepürees in den Teig einarbeiten, um Gaumen und Auge gleichermaßen zu erfreuen. Die Abbildungen auf den folgenden Seiten zeigen, wie das gemacht wird.

Dieses Kapitel behandelt die zahlreichen Verwendungsmöglichkeiten frischer Teigwaren – als Vorspeisen, Hauptgerichte oder Beilagen. Die zu ihnen gereichten Saucen wurden zwar speziell immer für eine bestimmte Nudelsorte komponiert, passen aber ebensogut zu ähnlich geformten frischen oder getrockneten Teigwaren.

Selbstgemachte Teigwaren und Fertigprodukte unterscheiden sich nicht allein durch die Frische, sondern auch durch die verwendeten Zutaten. Bei vielen getrockneten Fertignudeln – insbesondere bei italienischer Pasta – bekommt der Teig durch den hohen Klebergehalt des verwendeten Hartweizengrießes Zusammenhalt. In diesem Kapitel werden die Nudeln jedoch aus gewöhnlichem Mehl und Eiern oder aus einer Mischung von feingemahlenem Hartweizengrieß und Haushaltsmehl zubereitet. Für eines der Rezepte ist darüber hinaus Buchweizenmehl erforderlich, das trotz seines Namens nichts mit Weizen zu tun hat, sondern aus den Samen gemahlen wird, die die krautartige Buchweizenpflanze ausbildet.

Gewöhnlich verwendet man bei Rezepten für frische Nudeln auf 175 g Mehl zwei Eier. Hier wurde jedoch ein Ei durch ein Eiweiß ersetzt, um den Cholesteringehalt des Teiges niedrig zu halten. Die Rezepte für Grießnudeln enthalten gar keine Eier.

Selbstgemachte Teigwaren kann man – mit Klarsichtfolie abgedeckt – 24 Stunden im Kühlschrank aufbewahren. Sie lassen sich auch einfrieren, doch schmecken sie frisch zubereitet immer am besten. Da sie relativ viel Feuchtigkeit enthalten, sind sie rasch gar, und deshalb bewahren auch die Zutaten, mit denen einige der Teigsorten gefärbt werden – wie Spinat und Tomaten sowie Möhren, rote Rüben und Curry –, unverändert ihre Farbe.

Wie man eine Nudelmaschine benutzt

Die Herstellung von Teigwaren wird sehr viel einfacher, wenn man eine gute Nudelmaschine hat, die Arbeiten übernimmt, die sonst von Hand verrichtet werden müßten. Nudeln oder Teigblätter sind dann im Nu fertig. Aus den Teigblättern können dann phantasievolle Formen geschnitten oder modelliert werden. Die Abbildungen auf dieser Doppelseite zeigen die Zubereitung des Grundteiges. Die zahlreichen Formen der italienischen Pasta mit ihren Bezeichnungen finden Sie auf S. 44–45, asiatische Nudelsorten und -formen auf Seite 102–103.

Das ganze Geheimnis eines guten Nudelteiges liegt darin, daß man ihn mehrmals ausrollt – fertig sollte er glänzen und sich seidig anfühlen. Falls er klebt, wird er auf beiden Seiten bemehlt und noch einmal ausgerollt.

Werden die Nudeln nicht sofort gegart, hängt man sie zum Trocknen über dem langen Stiel eines Holzlöffels auf oder dreht sie auf der leicht bemehlten Arbeitsfläche locker zu Nestern auf. Sind sie vollständig getrocknet, kommen die Nudeln in luftdicht verschließbare Behälter.

Zum Einfrieren läßt man frische Teigwaren zunächst etwa 15 Minuten trocknen, dreht sie dann portionsweise locker zu Nestern auf und legt sie auf ein Tablett. Damit die Nudeln steif werden, kommt das Tablett für eine Stunde in das Tiefgefrierfach. Anschließend werden sie in geeigneten Beuteln in der Tiefkühltruhe gelagert. Zum Garen gibt man tiefgefrorene Teigwaren unaufgetaut direkt ins kochende Wasser.

1 *EI UND ÖL ZUM MEHL GEBEN. 175 g Mehl in eine Rührschüssel schütten und in die Mitte eine Vertiefung eindrücken. Ein ganzes Ei sowie ein Eiweiß hineingeben, dann 1 EL Öl dazugießen. (Der Teig kann auch nach den Anweisungen im Grundrezept auf S. 15 in der Küchenmaschine hergestellt werden.)*

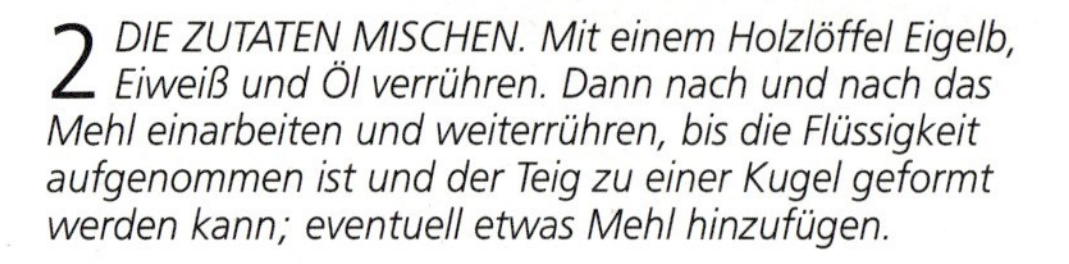

2 *DIE ZUTATEN MISCHEN. Mit einem Holzlöffel Eigelb, Eiweiß und Öl verrühren. Dann nach und nach das Mehl einarbeiten und weiterrühren, bis die Flüssigkeit aufgenommen ist und der Teig zu einer Kugel geformt werden kann; eventuell etwas Mehl hinzufügen.*

3 *VON HAND KNETEN. Den Teig in drei Stücke teilen. Zwei Stücke mit Klarsichtfolie oder einer Schüssel abdecken, damit sie nicht austrocknen. Das dritte Stück auf der leicht bemehlten Arbeitsfläche mehrere Minuten kneten. Fühlt sich der Teig zäh und unelastisch an, deckt man ihn ab und läßt ihn 15 Minuten ruhen.*

4 *MIT DER MASCHINE KNETEN. Den Teig auf etwa 2 cm Dicke flachdrücken und auf beiden Seiten leicht bemehlen. Den größtmöglichen Abstand für die Knetwalzen einstellen und den Teig durch die Walzen drehen. Mit einer Hand die Kurbel betätigen, mit der anderen den durchgedrehten Teig halten.*

5 *DAS TEIGBLATT ZUSAMMENLEGEN. Den Teig auf der leicht bemehlten Arbeitsfläche zunächst dreilagig zusammenfalten, ihn dann wieder flachdrücken und anschließend längs durch die Maschine drehen. Diesen Arbeitsgang sechs- bis achtmal wiederholen. Zum Schluß sollte der Teig glatt und seidig sein.*

6 *DEN TEIG DÜNN AUSROLLEN. Den Walzenabstand auf die nächstkleinere Stufe stellen und die Teigplatte ungefaltet durch die Maschine drehen. Diesen Arbeitsgang wiederholen und den Walzenabstand jedesmal verringern, bis die gewünschte Dicke erreicht ist – gewöhnlich bei der zweitkleinsten Stufe. Den Teig gegebenenfalls bemehlen, damit er nicht klebt. Mit der freien Hand das Teigblatt halten, damit es glatt und flach bleibt.*

7 *DIE NUDELN SCHNEIDEN. Zur Erleichterung der Arbeit das Teigblatt zunächst in der Mitte durchschneiden. Die Streifen auf beiden Seiten leicht bemehlen und 10 bis 15 Minuten ruhen lassen. Dann ein Teigstück durch die ausgewählte Schnittwalze drehen. Die fertigen Nudeln vorsichtig in Mehl wenden und beiseite stellen. Anschließend das nächste Teigstück schneiden und die restlichen Teigblätter ebenso verarbeiten.*

Pilztaschen mit Tomatensauce

Portionen; 6 (als Vorspeise)
Arbeits- und Gesamtzeit: etwa 50 Minuten

Kal. **265**
Joule **1115**
Prot. **10 g**
Chol. **60 mg**
Fett insg. **8 g**
Ges. Fetts. **3 g**
Natr. **290 mg**

Nudelteig (nach Grundrezept oder aus Hartweizengrieß, S. 15)

15 g getrocknete Pilze, vorzugsweise Steinpilze, mit kochendem Wasser bedeckt 20 Minuten eingeweicht

250 g frische Champignons, geputzt, gewaschen und feingehackt

2 große Schalotten, feingehackt

3 Knoblauchzehen, feingehackt

2 EL Balsamessig oder 1 EL Rotweinessig

4 EL Rotwein

¼ TL Salz

Frisch gemahlener schwarzer Pfeffer

2 EL frische Weißbrotkrumen

1250 g reife Tomaten, abgezogen, entkernt und gehackt, oder 800 g ungesalzene ganze Tomaten aus der Dose, abgetropft und gehackt

1 große Zwiebel, gehackt

3 Möhren (etwa 250 g), geschält und geraspelt

3 EL süße Sahne

40 g Parmesankäse, frisch gerieben

Für die Zubereitung der Füllung die Steinpilze abtropfen lassen und das Pilzwasser beiseite stellen. Die Pilze feinhacken und in eine große, schwere Pfanne geben. Die gehackten Champignons, Schalotten und zwei Drittel des Knoblauchs hinzufügen. Das aufgefangene Pilzwasser dazugießen und die Flüssigkeit bei mittelstarker Hitze zum Kochen bringen. Die Mischung etwa 5 Minuten garen, bis die Flüssigkeit fast vollständig eingekocht ist. Den Essig, Wein, 1 Messerspitze von dem Salz und reichlich Pfeffer dazugeben. Unter ständigem Rühren etwa 3 Minuten weiterkochen, bis keine Flüssigkeit mehr vorhanden ist. Die Weißbrotkrumen hineinrühren und die Mischung zum Abkühlen beiseite stellen.

Für die Sauce die gehackten Tomaten, Zwiebeln und Möhren, etwas Pfeffer, den restlichen Knoblauch und das restliche Salz in einem Topf vermengen. Dann 4 EL Wasser dazugeben und die Flüssigkeit zum Kochen bringen. Die Mischung etwa 20 Minuten garen, bis das Gemüse weich und kaum noch Flüssigkeit vorhanden ist. Die Sauce im Mixer oder in der Küchenmaschine pürieren und wieder zurück in den Topf geben. Die Sahne unterrühren und den Topf beiseite stellen.

In der Zwischenzeit die Nudeltaschen zubereiten. Zunächst den Nudelteig in vier Portionen teilen. Drei Stücke

mit Klarsichtfolie oder einer umgedrehten Schüssel abdecken, damit sie nicht austrocknen. Die vierte Portion zu einem etwa 1 mm dicken, langen Streifen von etwa 12 cm Breite ausrollen (Anleitung S. 12 und 13). Den Teig quer in etwa 12 cm große Quadrate schneiden. Die entstandenen Quadrate jeweils in vier kleinere teilen.

In die Mitte der einzelnen Quadrate jeweils etwa 1 TL Füllung setzen. Die Ränder von zwei angrenzenden Seiten eines Quadrates anfeuchten und so über die Füllung schlagen, daß ein Dreieck entsteht. Die Ränder zusammendrücken. Den restlichen Teig und die übrige Füllmasse auf die gleiche Weise verarbeiten.

Die Nudeltaschen in 3 l kochendes Wasser mit 1½ TL Salz geben. Nach etwa 1 Minute die erste Garprobe machen – die Taschen nur solange kochen, bis sie zwar gar, aber noch bißfest sind.

Die Sauce bei mittelhoher Temperatur wieder erhitzen. Sollte sie zu dick sein, 1 oder 2 EL von dem Nudelwasser hinzufügen. Die Taschen abgießen, abtropfen lassen, in eine vorgewärmte Servierschüssel geben und die heiße Sauce darübergießen. Sofort servieren; den Parmesankäse getrennt dazu reichen.

Grundrezept für Nudelteig

Portionen: 4

Kal. **205**
Joule **825**
Prot. **7 g**
Chol. **60 mg**
Fett insg. **7 g**
Ges. Fetts. **1 g**
Natr. **30 mg**

175 g bis 200 g Mehl
1 Ei
1 Eiweiß
1 EL Sonnenblumenöl

Zur Herstellung des Teiges mit der Küchenmaschine 175 g Mehl, Ei, Eiweiß und Öl in die Rührschüssel geben und das Gerät etwa 30 Sekunden anschalten. Falls sofort eine Teigkugel entsteht, die sich feucht anfühlt, eßlöffelweise Mehl hinzufügen. Der Teig soll weich sein, darf aber nicht kleben. Bildet sich keine Kugel, versucht man, den Teig mit den Händen zusammenzudrücken. Ist die Mischung noch zu trocken, teelöffelweise Wasser hineinarbeiten, bis eine Teigkugel entsteht. Bei Verwendung einer Nudelmaschine kann der Teig sofort geknetet und ausgerollt werden (Anleitung S. 12 und 13).

Wird der Teig von Hand zubereitet, das Mehl in eine Rührschüssel geben und in die Mitte eine Vertiefung eindrücken. Ei, Eiweiß und Öl in die Mulde gießen und nach und nach mit einer Gabel oder einem Holzlöffel das Mehl unterrühren. Den Teig auf die leicht bemehlte Arbeitsfläche setzen und einige Minuten kneten – er darf nicht an der Arbeitsfläche kleben bleiben. Ist er zu feucht, eßlöffelweise Mehl hineinarbeiten. Ist der Teig zu trocken und krümelig, teelöffelweise Wasser dazugeben, bis er geschmeidig wird. Etwa 10 Minuten weiterkneten, bis der Teig elastisch ist. Der Teig kann auch in einer Nudelmaschine geknetet werden (Anleitung S. 12 und 13).

Wurde keine Nudelmaschine verwendet, schlägt man den Teig in Pergamentpapier oder Klarsichtfolie ein und läßt ihn vor dem Ausrollen 15 Minuten ruhen.

ANMERKUNG: *Bei herkömmlichem Nudelteig werden für 175 g Mehl zwei ganze Eier verwendet. Um den Cholesteringehalt des Teiges zu reduzieren, wurde hier eines der Eier durch ein Eiweiß ersetzt.*

Nudelteig aus Hartweizengrieß

Portionen: 4

Kal. **230**
Joule **925**
Prot. **7 g**
Chol. **0 mg**
Fett insg. **1 g**
Ges. Fetts. **0 g**
Natr. **5 mg**

125 g bis 150 g Mehl
150 g feiner Hartzweizengrieß

Zur Herstellung des Teiges mit der Küchenmaschine 125 g Mehl und Grieß in der Rührschüssel mischen. Dann nach und nach bis zu ⅛ l Wasser hineinarbeiten, bis sich eine Teigkugel bildet. Fühlt sich die Mischung feucht an, eßlöffelweise Mehl dazugeben – der Teig soll weich sein, darf aber nicht kleben. Bildet sich keine Kugel, versucht man, den Teig mit den Händen zusammenzudrücken. Ist die Mischung noch zu trocken, gibt man teelöffelweise Wasser dazu, bis eine Teigkugel entsteht. Bei Verwendung einer Nudelmaschine kann der Teig sofort geknetet und ausgerollt werden (Anleitung S. 12 und 13).

Wird der Teig von Hand zubereitet, Mehl und Grieß in einer Schüssel mischen und in die Mitte eine Vertiefung eindrücken. Nach und nach mit einer Gabel oder einem Holzlöffel bis zu ⅛ l Wasser unterrühren, bis sich der Teig zu einer kompakten Kugel zusammendrücken läßt. Den Teig auf die leicht bemehlte Arbeitsfläche setzen und einige Minuten kneten – er darf nicht an der Arbeitsfläche kleben bleiben. Ist er zu feucht, eßlöffelweise Mehl einarbeiten, bis er nicht mehr klebt. Ist er trocken und krümelig, teelöffelweise Wasser hinzufügen, bis er geschmeidig wird. Etwa 10 Minuten weiterkneten, bis der Teig glatt und elastisch ist. Dieser Teig kann auch in einer Nudelmaschine geknetet werden (Anleitung S. 12 und 13).

Wurde keine Nudelmaschine verwendet, schlägt man den Teig in Pergamentpapier oder Klarsichtfolie ein und läßt ihn vor dem Ausrollen 15 Minuten ruhen.

Tagliatelle mit Schwertfisch und roter Paprikaschote

Portionen: 4
Arbeits- und Gesamtzeit: etwa 1 Stunde

Kal. **375**
Joule **1575**
Prot. **24 g**
Chol. **100 mg**
Fett insg. **15 g**
Ges. Fetts. **2 g**
Natr. **215 mg**

Nudelteig (nach Grundrezept S. 15)
350 g frisches Schwertfisch- oder Thunfischsteak, gesäubert und in etwa 1 cm große Würfel geschnitten
2 Knoblauchzehen, feingehackt
1 EL frischer Zitronensaft
2 EL kaltgepreßtes Olivenöl
1 rote Paprikaschote
2 EL gehackte frische Petersilie

Fischwürfel, feingehackte Knoblauchzehen, Zitronensaft und 1 EL Olivenöl in eine Auflaufform geben, alles gut vermischen, zudecken und im Kühlschrank etwa 30 Minuten durchziehen lassen.

Den Teig ausrollen und Tagliatelle daraus schneiden (Anleitung S. 12 und 13). Die Nudeln beiseite stellen.

Die Paprikaschote im vorgeheizten Grill etwa 5 cm unter der Grillvorrichtung rösten und dabei gelegentlich drehen, bis sie rundum braun ist. Die Paprikaschote in eine Schüssel legen und diese mit Klarsichtfolie abdecken oder in eine Papiertüte stecken und die Tüte verschließen. Durch den eingeschlossenen Dampf löst sich die Haut. Die Paprika abziehen, entkernen und die Rippen entfernen, die Schote dabei über eine Schüssel halten, um den Saft aufzufangen. In dünne Streifen schneiden und den Saft durchsieben, um die Samen zu entfernen. Die Streifen und den Saft beiseite stellen.

Den Backofen auf 200° C (Gasherd Stufe 3 – 4) vorheizen. Die Fischwürfel in ihrer Marinade 6 bis 8 Minuten schmoren, bis sie gar sind.

In der Zwischenzeit die Tagliatelle in 3 l kochendes Wasser mit 1½ TL Salz geben. Nach etwa 1 Minute die erste Garprobe machen – die Nudeln nur kochen, bis sie gar, aber noch bißfest sind. Dann abgießen, abtropfen lassen und in eine große Schüssel geben. Den verbliebenen Eßlöffel Öl, Paprikastreifen und -saft sowie die gehackte Petersilie hinzufügen und alles gut mischen. Den Fisch mit der Garflüssigkeit dazugeben, vorsichtig unterheben und das Gericht sofort servieren.

Fettuccine mit Garnelen und Jakobsmuscheln

Portionen: 8
Arbeits- und Gesamtzeit: etwa 45 Minuten

Kal. **380**
Joule **1595**
Prot. **23 g**
Chol. **155 mg**
Fett insg. **12 g**
Ges. Fetts. **3 g**
Natr. **480 mg**

Nudelteig (nach Grundrezept S. 15)
Spinat-Nudelteig (Rezept S. 29)
500 g Jakobsmuscheln
30 g Butter
3 EL feingehackte Schalotten
500 g frische große Tiefseegarnelen, geschält und Darm entfernt, Schalen beiseite gestellt
¼ l trockener Wermut
1 kleines Lorbeerblatt
2 EL Sonnenblumenöl
2 EL feingeschnittener frischer Schnittlauch
¼ TL Salz
Frisch gemahlener weißer Pfeffer

Den Nudelteig ausrollen und Fettuccine (sehr schmale Bandnudeln) daraus schneiden (Anleitung S. 12 und 13). Die Nudeln beiseite stellen.

Sofern vorhanden, den seitlich an den Muscheln sitzenden festen, kleinen Muskel entfernen und aufbewahren. Die Muscheln waschen, trockentupfen und beiseite stellen. Die Butter bei mittlerer Hitze in einem schweren Topf zerlassen. Die Schalottenstückchen hineinrühren und in etwa 2 Minuten glasig dünsten. Dann die beiseite gestellten Garnelenschalen und Muschelmuskeln hinzufügen und alles noch 1 Minute unter Rühren garen. Anschließend den Wermut dazugießen und die Mischung eine weitere Minute simmern lassen.

Lorbeerblatt und ⅜ l Wasser in den Topf geben und die Flüssigkeit zum Kochen bringen. Die Temperatur herunterschalten und die Flüssigkeit 10 bis 12 Minuten simmern lassen, bis sie auf etwa die Hälfte eingekocht ist. Den Topf beiseite stellen.

Für die Zubereitung der Meeresfrüchte das Öl in einer großen, tiefen, schweren Pfanne bei mittelhoher Temperatur erhitzen. Garnelen und Muscheln hinzufügen und 1½ bis 2 Minuten braten, dabei häufig mit einem Löffel wenden. Die Meeresfrüchte an den Pfannenrand schieben und die aufbewahrte Flüssigkeit durch ein Sieb dazugießen. Die Pfanne beiseite stellen.

Die Fettuccine in 6 l kochendes Wasser mit 3 TL Salz geben. Nach 1 Minute die erste Garprobe machen – die Nudeln kochen, bis sie zwar gar, aber noch bißfest sind. Dann abgießen, abtropfen lassen und zu den Meeresfrüchten in die Pfanne geben. Mit dem Schnittlauch, Salz und etwas Pfeffer würzen. Die Garnelen und Muscheln vorsichtig unter die Nudeln heben. Den Deckel auflegen und die Mischung bei mittlerer Temperatur etwa 1 Minute erhitzen. Das Gericht sofort servieren.

Mit Käse und Petersilie gefüllte Ravioli

Portionen: 6
Arbeits- und Gesamtzeit: etwa 1 Stunde

Kal. **215**
Joule **900**
Prot. **12 g**
Chol. **10 mg**
Fett insg. **4 g**
Ges. Fetts. **2 g**
Natr. **330 mg**

Nudelteig (aus Hartweizengrieß, S. 15)
125 g Ricotta-Käse
125 g Hüttenkäse
125 g Petersilienblätter, feingehackt
30 g Parmesankäse, frisch gerieben
¼ TL geriebene Muskatnuß
1 Prise Salz
Frisch gemahlener schwarzer Pfeffer
⅛ l fettarme Milch

Für die Zubereitung der Füllung den Ricotta- und den Hüttenkäse durch ein Sieb in eine Schüssel streichen. Gehackte Petersilie, Parmesankäse, Muskat, Salz und etwas Pfeffer hineinrühren. Die Mischung beiseite stellen.

Den Nudelteig ausrollen. Dann, wie unten gezeigt, Ravioli daraus herstellen. Die Teigquadrate sollten an den Kanten etwa 4 cm lang sein und ½ TL Füllung enthalten. Zum Füllen der Teigtaschen sollte nur etwa die Hälfte der Füllmasse verwendet werden.

Für die zu den Ravioli gereichte Sauce die restliche Füllung bei mittelhoher Temperatur in einen Topf geben und die Milch unterrühren. Die Sauce etwa 5 Minuten erhitzen, aber nicht kochen. Die Sauce warm stellen, während die Ravioli gegart werden.

Die Ravioli in 3 l kochendes Wasser mit 1½ TL Salz geben. Nach 1 Minute die erste Garprobe machen; die Nudeln *al dente* kochen, dann abtropfen lassen. Die Sauce über die Ravioli ziehen und sofort servieren.

Ravioli herstellen

1 *DIE FÜLLUNG AUFSETZEN. Das ausgerollte Teigblatt auf die leicht bemehlte Arbeitsfläche legen. Die Füllung jeweils im Abstand von etwa 3 cm in kleinen Häufchen auf der einen Hälfte des Teigblattes verteilen.*

2 *DIE FÜLLUNG BEDECKEN. Die andere Hälfte des Teigblattes mit etwas Wasser bestreichen und dann vorsichtig über die Füllung schlagen. Darauf achten, daß die Teigränder möglichst genau aufeinanderliegen.*

3 *DIE RAVIOLI SCHNEIDEN. Am Falzrand beginnend, mit den Fingern Luft zwischen der Füllmasse herausdrücken und die Teigblätter miteinander verbinden und festdrücken. Dann mit einem Teigrädchen die Ravioli schneiden.*

Kräuterquadrate mit Schalottenbutter

Portionen: 6 (als Beilage oder Vorspeise)
Arbeits- und Gesamtzeit: etwa 45 Minuten

Kal. **175**
Joule **735**
Prot. **5 g**
Chol. **55 mg**
Fett insg. **8 g**
Ges. Fetts. **3 g**
Natr. **110 mg**

Nudelteig (nach Grundrezept oder aus Hartweizengrieß, S. 15)

30 g frische Kräuter (glatte Petersilie, Dill und Bleichsellerieblätter), die Stengel entfernt

30 g Butter

1 EL feingehackte Schalotten

¼ TL Salz

Frisch gemahlener schwarzer Pfeffer

Den Nudelteig in drei Stücke teilen. Zwei Stücke mit Klarsichtfolie abdecken, damit sie nicht austrocknen. Das dritte Stück zu einem etwa 1 mm dicken Teigblatt ausrollen (Anleitung S. 12 und 13).

Das Teigblatt auf die leicht bemehlte Arbeitsfläche legen. Auf der einen Hälfte ein Drittel der Kräuterblätter – mit gut 1 cm Abstand – verteilen. Jedes Blatt sorgfältig flachdrücken. Die andere Hälfte des Teigblatts mit etwas Wasser bepinseln und, wie unten gezeigt, über die Blätter legen. Den Teig fest zusammendrücken, damit die Blätter fest eingebettet und Luftblasen entfernt werden.

Den Teig durch die Nudelmaschine drehen, so daß das Teigblatt etwa 1 mm dick wird. Dann mit einem großen, scharfen Küchenmesser in Quadrate von etwa 5 cm Seitenlänge schneiden. Die Quadrate beiseite stellen und den verbliebenen Teig und den restlichen Kräuterblättern ebenso verarbeiten.

Die Butter in einer großen, schweren Pfanne bei mittelstarker Hitze zerlassen. Schalottenstückchen und Salz hinzufügen und in etwa 2 Minuten glasig dünsten. Die Pfanne von der Kochstelle nehmen.

Die Nudeln in 3 l kochendes Wasser mit 1½ TL Salz geben. Nach 2 Minuten die erste Garprobe machen – die Kräuterquadrate nur kochen, bis sie gar, aber noch bißfest sind. Abgießen, abtropfen lassen und zu der Schalottenbutter in die Pfanne geben. Vorsichtig schwenken, etwas Pfeffer darüberstreuen und heiß servieren.

ANMERKUNG: *Diese Nudeln eignen sich ausgezeichnet als Beilage zu gegrillten Lamm- oder Kalbskoteletts. Sie können aber auch ohne Sauce in klarer Fleischbrühe serviert werden.*

Farfalle mit Buchweizen und Zwiebeln

Portionen: 4
Arbeits- und Gesamtzeit: etwa 45 Minuten

Kal. **210**
Joule **880**
Prot. **6 g**
Chol. **15 mg**
Fett insg. **7 g**
Ges. Fetts. **4 g**
Natr. **260 mg**

Nudelteig (aus Hartweizengrieß, S. 15, halbe Menge)
30 g Butter
90 g Zwiebeln, gehackt
Frisch gemahlener schwarzer Pfeffer
100 g Buchweizengrütze
1 Eiweiß
¼ TL Salz
18 cl ungesalzene Hühnerbrühe

Den Nudelteig halbieren und eine Hälfte mit Klarsichtfolie oder einer umgedrehten Schüssel abdecken, damit der Teig nicht austrocknet. Die andere Hälfte zu einem langen, rechteckigen, etwa 1 mm dicken Teigblatt ausrollen (Anleitung S. 12 und 13). Nun wie rechts gezeigt vorgehen: Das Rechteck in Streifen schneiden und Farfalle (d. h. Schmetterlinge) daraus formen. Den restlichen Teig auf die gleiche Weise verarbeiten.

Die Butter bei mittlerer Hitze in einem schweren Topf zerlassen. Die Zwiebelstücke sowie etwas Pfeffer hinzufügen. Unter gelegentlichem Rühren 5 Minuten andünsten. In der Zwischenzeit Buchweizengrütze und Eiweiß in einer Schüssel gut vermengen und ebenfalls in den Topf geben. Auf hohe Temperatur heraufschalten und die Mischung unter ständigem Rühren mit einer Gabel 3 bis 4 Minuten garen, bis sie leicht und locker ist. Salz und Brühe hinzufügen und auf schwache Hitze reduzieren. Den Deckel fest auflegen. Die Mischung etwa 6 Minuten simmern lassen, bis die gesamte Flüssigkeit aufgenommen und der Buchweizen weich ist – nach 4 Minuten einmal mit einem Holzlöffel umrühren.

In der Zwischenzeit die Farfalle in 2 l kochendes Wasser mit 1 TL Salz geben. Nach 1 Minute die erste Garprobe machen – die Farfalle kochen, bis sie zwar gar, aber noch bißfest sind. Die Nudeln abgießen, abtropfen lassen, vorsichtig unter die Buchweizenmischung heben und das Gericht heiß servieren.

ANMERKUNG: *Wenn man das Gericht einen Tag im voraus zubereitet und in den Kühlschrank stellt, wird der Geschmack noch intensiver. Zum Erhitzen schiebt man es in einer flachen Auflaufform für 10 Minuten in den auf 180° C (Gasherd Stufe 2–3) vorgeheizten Backofen oder bei hoher Stufe für 90 Sekunden in den Mikrowellenherd.*

Farfalle herstellen

1 *DEN TEIG SCHNEIDEN. Das Teigblatt auf die bemehlte Arbeitsfläche legen, die unebenen Ränder abschneiden und der Länge nach halbieren. Dann quer in etwa 3 cm breite Stücke schneiden.*

2 *DIE NUDELN FORMEN. Die Rechtecke voneinander trennen. Die Mitte der einzelnen Stücke mit Daumen und Zeigefinger wie abgebildet zusammendrücken, so daß ein „Schmetterling" entsteht.*

Kürbis-Agnolotti

Portionen: 6 (als Beilage oder Vorspeise)
Arbeitszeit: etwa 30 Minuten
Gesamtzeit: etwa 1 Stunde und 15 Minuten

Kal. **335**
Joule **1410**
Prot. **9 g**
Chol. **55 mg**
Fett insg. **12 g**
Ges. Fetts. **3 g**
Natr. **325 mg**

Nudelteig (nach Grundrezept S. 15)
1 Butternußkürbis oder anderer gelbfleischiger Gartenkürbis (etwa 500 g), längs halbiert und entkernt
35 cl ungesalzene Hühnerbrühe
2 EL feingeschnittener Schnittlauch
45 g Walnüsse, feingehackt
1 EL feingehackter frischer oder 1 TL getrockneter Salbei
½ TL Salz
¼ TL frisch gemahlener weißer Pfeffer
30 g Butter
2 EL feingehackte Schalotten
2 EL Mehl
4 EL Cream Sherry
4 EL Rosinen
4 EL Sultaninen

Für die Zubereitung der Füllung den Backofen auf 200° C (Gasherd Stufe 3–4) vorheizen. Die Kürbishälften – Schnittflächen nach oben – auf ein dünn mit Öl bestrichenes Backblech legen und etwa 1 Stunde garen, bis sie weich sind. Abkühlen lassen, das Fruchtfleisch herauslösen und mit 1 EL Brühe im Mixer pürieren. In eine Schüssel geben und Schnittlauch, gehackte Walnüsse, Salbei, ¼ TL Salz und 1 Messerspitze Pfeffer hineinrühren.

Den Nudelteig für die Agnolotti (d. h. Teigtaschen) in drei Stücke teilen und zwei – mit einer umgedrehten Schüssel oder Klarsichtfolie abgedeckt – beiseite stellen. Das dritte Teigstück etwa 1 mm dick ausrollen. Mit einem etwa 8 cm großen runden Ausstecher ungefähr 12 Blätter ausstechen. Die beiden anderen Teigstücke auf die gleiche Weise vorbereiten. Dicht neben die Mitte der runden Teigblätter jeweils 1 TL Füllmasse setzen. Die Ränder mit etwas Wasser bepinseln, dann die Blätter in der Mitte zusammenfalten. Die Ränder vorsichtig zusammendrükken, damit die Füllung nicht herauslaufen kann.

Für die Sauce die Butter bei mittlerer Hitze in einem schweren Topf zerlassen. Die gehackten Schalotten hinzufügen und in etwa 2 Minuten glasig dünsten. Das Mehl dazugeben und unter Rühren 1 Minute anschwitzen. Mit der restlichen Brühe und dem Sherry ablöschen und alles unter ständigem Rühren noch 1 Minute kochen, bis die Sauce dick und glatt wird. Rosinen und Sultaninen hinzufügen, auf schwache Hitze reduzieren und die Sauce 3 Minuten simmern lassen. Mit dem verbliebenen ¼ TL Salz und 1 Messerspitze Pfeffer würzen.

Die Agnolotti in 3 l kochendes Wasser mit 1½ TL Salz geben. (Die Nudeln gegebenenfalls in mehreren Arbeitsgängen garen, damit sie in reichlich Wasser schwimmen können.) Nach 2 Minuten die erste Garprobe machen – die Agnolotti kochen, bis sie gar, aber noch bißfest sind. Die Teigtaschen mit einem Schaumlöffel auf eine vorgewärmte, leicht gebutterte Servierplatte heben. Die Sauce darüberziehen und das Gericht warm servieren.

Tortellini mit Kalbfleischfüllung

TORTELLINI WAREN IM MITTELALTER IN BOLOGNA, ITALIENS HAUPTSTADT DER PASTA-KÜCHE, HOCHGESCHÄTZT. NACH DER LEGENDE WURDEN DIE TORTELLINI NACH DEM NABEL DER RÖMISCHEN LIEBESGÖTTIN VENUS GEFORMT.

Portionen: 6
Arbeits- und Gesamtzeit: etwa 1 Stunde

Kal. **310**
Joule **1300**
Prot. **16 g**
Chol. **70 mg**
Fett insg. **13 g**
Ges. Fetts. **4 g**
Natr. **360 mg**

Nudelteig (nach Grundrezept S. 15)
2 EL kaltgepreßtes Olivenöl
1 Zwiebel, feingehackt
1 Möhre, geschält und geraspelt
1 Stange Bleichsellerie, feingehackt
4 Knoblauchzehen, feingehackt
250 g Kalbfleisch, gehackt
¼ TL Salz
Frisch gemahlener schwarzer Pfeffer
1 l ungesalzene Hühnerbrühe
4 EL Marsala
2 EL Tomatenmark
¼ TL geriebene Muskatnuß
4 EL frisch geriebener Parmesankäse
2 EL gehackte Petersilie

Das Öl in einer großen, schweren Pfanne bei mittelhoher Temperatur erhitzen. Zwiebel-, Möhren-, Bleichsellerie- und Knoblauchstückchen hinzufügen und unter häufigem Rühren etwa 4 Minuten andünsten, bis die Zwiebeln glasig sind. Das Kalbfleisch dazugeben und die Mischung etwa 5 Minuten weitergaren, bis das Fleisch nicht mehr rosa ist – dabei häufig mit einem Wender oder Holzlöffel umrühren. Salz, etwas Pfeffer, ¼ l Brühe, Marsala und Tomatenmark hinzufügen. Den Deckel auflegen, auf mittlere Temperatur herunterschalten und den Pfanneninhalt 30 Minuten garen. Die Pfanne von der Kochstelle nehmen, Muskat und 2 EL Parmesankäse unterrühren.

Zum Herstellen der Nudeln den Teig ausrollen (Anleitung S. 12 und 13) und Tortellini daraus formen (Anleitung rechts); für die Füllung jeweils 1 TL Fleischmasse verwenden. Die Tortellini beiseite stellen.

Für die Sauce den restlichen ¾ l Brühe bei starker Hitze etwa 5 Minuten um ein Drittel einkochen. Die gehackte Petersilie hineinrühren und die Sauce warm stellen.

Die Tortellini in 3 l kochendes Wasser mit 1½ TL Salz geben. 2 bis 3 Minuten nachdem das Wasser wieder zu kochen beginnt, die Garprobe machen – die Tortellini sollten *al dente* sein. Abgießen, abtropfen lassen und in eine Schüssel geben. Die Sauce über die Tortellini ziehen. Den restlichen Parmesankäse getrennt reichen.

Tortellini herstellen

1 *DIE TORTELLINI FÜLLEN. Runde Teigblätter von etwa 5 bis 8 cm Durchmesser ausstechen und aufeinanderschichten, damit sie nicht austrocknen. Etwas Füllung in die Mitte setzen, dann den Teigrand im Halbkreis anfeuchten.*

2 *DIE FÜLLUNG UMHÜLLEN. Das Teigblatt in der Mitte zusammenfalten und den angefeuchteten Rand auf den trockenen legen. Die Teigränder fest zusammendrücken, damit die Füllung nicht herauslaufen kann.*

3 *DIE ENDEN ZUSAMMENFÜGEN. Die äußeren Spitzen um die Füllung biegen und zusammendrücken. Eventuell innen etwas anfeuchten, damit sie aneinanderkleben. Die übrigen Teigblätter ebenso verarbeiten.*

Tortellini mit Weinbergschneckenfüllung

Portionen: 2 (etwa 24 Tortellini)
Arbeits- und Gesamtzeit: etwa 45 Minuten

Kal. **379**
Joule **1555**
Prot. **16 g**
Chol. **120 mg**
Fett insg. **13 g**
Ges. Fetts. **8 g**
Natr. **350 mg**

Nudelteig (aus Hartweizengrieß, S. 15, halbe Menge)
15 g Butter
1 EL sehr fein gehackte Zwiebeln
1 Knoblauchzehe, sehr fein gehackt
12 Weinbergschnecken aus der Dose, abgetropft und halbiert (etwa 125 g)
2 TL frischer Zitronensaft
½ TL gehackter frischer oder ¼ TL getrockneter Thymian
1 Prise Salz
Frisch gemahlener schwarzer Pfeffer
3 EL feingehackte frische Petersilie
4 EL Kaffeesahne

Die Butter in einer schweren Pfanne bei mittlerer Hitze zerlassen. Die Zwiebelstückchen und den Knoblauch dazugeben und 3 Minuten unter häufigem Rühren andünsten. Schnecken, Zitronensaft, Thymian, Salz und etwas Pfeffer hinzufügen. Alles unter häufigem Rühren weitere 3 Minuten garen. Die Petersilie untermischen und die Pfanne von der Kochstelle nehmen. Die Schnecken in eine kleine Schüssel geben und in den Kühlschrank stellen. Die Sahne in die Pfanne rühren und diese beiseite stellen.

Den Teig in zwei Stücke schneiden. Das eine Stück mit Klarsichtfolie abdecken, damit es nicht austrocknet. Das andere zu einem etwa 1 mm dicken Teigblatt ausrollen (Anleitung S. 12 und 13). Mit einem 8 cm großen, runden Ausstecher 12 Teigblätter ausstechen. Auf jedes einzelne – dicht neben die Mitte – eine halbe Schnecke legen. Nun, wie oben gezeigt, die Tortellini formen. Das zweite Teigstück auf die gleiche Weise verarbeiten.

Die Tortellini 4 bis 5 Minuten in 3 l kochendem Wasser mit 1½ TL Salz garen, bis sie nach oben steigen und *al dente* sind. In der Zwischenzeit die Sauce in der Pfanne erhitzen. Die Tortellini abgießen und abtropfen lassen, in der Sauce schwenken und sofort servieren.

Fettuccine mit Austern, Spinat und Gemüsefenchel

Portionen: 4
Arbeits- und Gesamtzeit: etwa 1 Stunde

Kal. **420**
Joule **1765**
Prot. **22 g**
Chol. **140 mg**
Fett insg. **14 g**
Ges. Fetts. **5 g**
Natr. **275 mg**

Nudelteig (nach Grundrezept S. 15)
30 g Butter
1 Knolle Gemüsefenchel, die äußeren harten Stengel entfernt und in dünne Scheiben geschnitten
4 Frühlingszwiebeln, geputzt und in dünne Scheiben geschnitten
500 g frischer Spinat, gewaschen und entstielt
1 Schalotte, feingehackt
⅛ l trockener Weißwein
1 EL gehackter frischer oder 1 TL getrockneter Estragon
16 Austern (etwa ½ l), aus der Schale genommen und abgetropft, die Flüssigkeit aufbewahrt (etwa 16 cl)

Den Nudelteig ausrollen und Fettuccine daraus schneiden (Anleitung S. 12 und 13). Die Nudeln beiseite stellen, während die Sauce zubereitet wird.

In einer schweren Pfanne bei mittelschwacher Hitze 1 EL Butter zerlassen. Die Fenchel- und Frühlingszwiebelscheiben hinzufügen, den Deckel auflegen und das Gemüse in etwa 10 Minuten weich dünsten.

In der Zwischenzeit den Spinat 40 Sekunden in 3 l kochendem Wasser blanchieren. Abgießen, abtropfen lassen und unter kaltem Wasser abschrecken. Den Spinat ausdrücken und die Blätter voneinander trennen. Wenn Fenchel und Frühlingszwiebeln gar sind, die Spinatblätter dazugeben und die Pfanne von der Kochstelle nehmen.

In einem kleinen Topf die Schalottenstückchen, den Wein und die Hälfte des Estragons vermengen und etwa 5 Minuten bei mittelhoher Temperatur kochen, bis die Flüssigkeit auf die Hälfte reduziert ist. Die Austernflüssigkeit hinzufügen und etwa 3 Minuten simmern lassen. Die Austern in den Topf geben und etwa 2 Minuten garen, bis sich ihre Ränder zu biegen beginnen. Zum Warmhalten auf niedrige Temperatur herunterschalten.

Die Fettuccine in 3 l kochendes Wasser mit 1½ TL Salz geben. Nach 1 Minute die erste Garprobe machen – die Nudeln nur kochen, bis sie gar, aber noch bißfest sind. Abtropfen lassen und in eine große Schüssel füllen. Den restlichen Eßlöffel Butter unter die Austernsauce schlagen und die Sauce mit den Nudeln vermischen. Das Gemüse in der Pfanne wieder erhitzen, den restlichen Estragon hineinrühren und zu Nudeln und Austernsauce geben. Alles gut mischen und das Gericht sofort servieren.

Rote Ravioli mit Schnittlauch-Sauerrahm-Sauce

Portionen: 6
Arbeitszeit: etwa 1 Stunde
Gesamtzeit: etwa 2 Stunden

Kal. **250**
Joule **1050**
Prot. **8 g**
Chol. **55 mg**
Fett insg. **10 g**
Ges. Fetts. **3 g**
Natr. **300 mg**

500 g rote Rüben, gewaschen und geputzt, die Blattstiele auf 5 cm gekürzt
50 g Bulgur
1 EL Weißweinessig
1½ EL Meerrettich
¼ TL Salz
Frisch gemahlener schwarzer Pfeffer
175 bis 200 g Mehl
1 Ei
1 Eiweiß
1 EL Sonnenblumenöl

Schnittlauch-Sauerrahm-Sauce

1 EL kaltgepreßtes Olivenöl
1 kleine Zwiebel, feingehackt
⅛ l Sauerrahm
125 g fettarmer Joghurt
2 EL feingeschnittener frischer Schnittlauch

Den Backofen auf 200° C (Gasherd Stufe 3–4) vorheizen. Die Rüben einzeln fest in Alufolie einwickeln – die matte Seite der Folie nach außen – und etwa 1 Stunde im Backofen garen, bis sie weich sind. (Sie können bis zu 24 Stunden im voraus gegart werden.)

In der Zwischenzeit den Bulgur in eine Schüssel geben, ⅛ l kochendes Wasser darübergießen und ihn mindestens 30 Minuten stehenlassen.

Die roten Rüben schälen, sobald sie abgekühlt sind. Die Hälfte feinhacken und zu dem Bulgur geben. Essig, ½ EL Meerrettich, 1 Messerspitze Salz und reichlich Pfeffer unterrühren. Die Mischung beiseite stellen.

Eine etwa 3 cm dicke Scheibe von einer der verbliebenen roten Rüben abschneiden und im Mixer pürieren oder durch ein Passiersieb streichen; es ergeben sich etwa 2 EL Püree. Die restlichen roten Rüben in feine Streifen schneiden und an einen warmen Platz stellen.

Zur Herstellung des Nudelteiges mit der Küchenmaschine 175 g Mehl, Ei, Eiweiß, Sonnenblumenöl und Rübenpüree in die Rührschüssel geben und etwa 30 Sekunden lang mit dem Knethaken vermischen. Falls sofort eine Teigkugel entsteht, die sich feucht anfühlt, eßlöffelweise Mehl hinzufügen. Der Teig soll weich sein, darf aber nicht kleben. Bildet sich keine Kugel, versucht man, den Teig mit den Händen zusammenzudrücken. Ist die Mischung noch zu trocken, teelöffelweise Wasser untermischen, bis ▶

eine Teigkugel entsteht. Bei Verwendung einer Nudelmaschine kann der Teig sofort geknetet und ausgerollt werden (Anleitung S. 12 und 13).

Wird der Teig von Hand zubereitet, 175 g Mehl in eine Rührschüssel geben und in die Mitte eine Vertiefung eindrücken. Ei, Eiweiß, Sonnenblumenöl und Rübenpüree in die Mulde gießen und nach und nach mit einer Gabel oder einem Holzlöffel das Mehl unterrühren. Den Teig auf die leicht bemehlte Arbeitsfläche setzen und einige Minuten kneten – er darf nicht an der Arbeitsfläche kleben bleiben. Ist er zu feucht, eßlöffelweise Mehl hinzufügen, bis er nicht mehr klebt. Ist er zu trocken und krümelig, teelöffelweise Wasser einarbeiten, bis er geschmeidig wird. Etwa 10 Minuten weiterkneten, bis der Teig glatt und elastisch ist. Der Teig kann auch in einer Nudelmaschine geknetet werden (Anleitung S. 12 und 13).

Wer keine Nudelmaschine verwendet, schlägt den Teig in Pergamentpapier oder Klarsichtfolie ein und läßt ihn vor dem Ausrollen 15 Minuten ruhen.

Aus dem Teig Ravioli herstellen (Anleitung S. 18). Die Ravioli mit der Bulgur-Mischung füllen.

Zur Zubereitung der Sauce das Olivenöl bei mittelhoher Temperatur in einem schweren Topf erhitzen. Die gehackte Zwiebel hinzufügen und in etwa 4 Minuten glasig dünsten. Auf niedrige Temperatur herunterschalten. Sauerrahm und Joghurt einrühren und erhitzen – die Sauce darf aber nicht kochen, da der Joghurt sonst flockig wird. Die Sauce von der Kochstelle nehmen, Schnittlauch, das restliche Salz und den übrigen Meerrettich unterrühren. Die Sauce warm stellen.

Die Ravioli in 3 l kochendes Wasser mit 1½ TL Salz geben. Nach 3 Minuten die erste Garprobe machen – die Ravioli nur so lange kochen, bis sie zwar gar, aber noch bißfest sind. Abgießen, abtropfen lassen und auf eine vorgewärmte Servierplatte geben. Dann die Sauce daraufgießen. Die Rübenstreifen um die Ravioli herum verteilen und das Gericht sofort servieren.

Spinat-Orecchiette mit Blumenkohl

FÜR DIESE EINFACHE ITALIENISCHE PASTA, DIE LIEBEVOLL „ÖHRCHEN" GENANNT WIRD, IST KEINE NUDELMASCHINE ERFORDERLICH.

Kal. **315**
Joule **1325**
Prot. **10 g**
Chol. **30 mg**
Fett insg. **13 g**
Ges. Fetts. **7 g**
Natr. **275 mg**

Portionen: 4
Arbeits- und Gesamtzeit: etwa 1 Stunde und 15 Minuten

150 g Tiefkühl-Spinat, aufgetaut, oder 250 g frischer Spinat, gewaschen, entstielt und 1 Minute in kochendem Wasser blanchiert
90 g Mehl
140 g Hartweizengrieß
60 g Butter
1 kleiner Blumenkohl (etwa 750 g), Strunk entfernt und in kleine Röschen zerteilt
¼ TL Salz
1 TL frischer oder ¼ TL getrockneter Thymian
Frisch gemahlener schwarzer Pfeffer
2 Knoblauchzehen, feingehackt
3 EL Semmelbrösel
1 TL gehackter frischer oder ¼ TL getrockneter Salbei

Für die Zubereitung des Nudelteiges den Spinat ausdrükken und feinhacken. Mehl und Weizengrieß in einer großen Schüssel vermengen. Den gehackten Spinat hinzufügen und dann mit beiden Händen untermischen; die Mischung zwischen den Fingerspitzen reiben, damit sich alles gleichmäßig vermengt. Den Teig zu einer Kugel zusammendrücken. Hält er nicht zusammen, weil er zu trocken ist, 1 EL Wasser dazugeben und einarbeiten. Falls notwendig, teelöffelweise weiteres Wasser hinzufügen – der Teig sollte aber verhältnismäßig trocken sein. Etwa 10 Minuten kneten, bis er glatt und elastisch ist. Den Teig anschließend in vier Stücke schneiden und drei mit Klarsichtfolie oder einer umgedrehten Schüssel abdecken, damit sie nicht austrocknen.

Orechiette herstellen

DEN TEIG FORMEN. Aus dem Teig eine Wurst rollen, dann in etwa 3 mm dicke Scheiben schneiden und diese etwas flachdrücken. Jeweils eine Scheibe auf die Handfläche legen und mit dem Daumen eine kleine schüsselförmige Vertiefung eindrücken.

Zur Herstellung der Orecchiette aus dem ersten Teigstück eine gut 1 cm dicke Wurst rollen. Mit einem scharfen Messer in etwa 3 mm dicke Scheiben schneiden. Die Scheiben leicht in Mehl wenden, damit sie sich besser formen lassen. Jeweils eine Scheibe auf die flache Hand legen – wie unten links gezeigt – und mit einem Finger der anderen Hand so eindrücken, daß kleine, runde Körbchen von etwa 3 cm Durchmesser entstehen. Die anderen drei Teigstücke auf die gleiche Weise verarbeiten.

Die Orecchiette in 3 l kochendes Wasser mit 1½ TL Salz geben. Nach 20 Minuten die erste Garprobe machen – die Nudeln nur kochen, bis sie gar, aber noch bißfest sind.

Während die Orecchiette garen, die Hälfte der Butter bei mittelstarker Hitze in einer großen, schweren Pfanne zerlassen. Wenn die Butter nicht mehr schäumt, die Blumenkohlröschen hineingeben und 4 Minuten sautieren – dabei einmal umrühren. Den Blumenkohl mit Salz, Thymian und etwas Pfeffer würzen. Auf mittlere Temperatur herunterschalten und die Röschen 6 bis 8 Minuten weitergaren, bis sie rundum goldbraun sind. Dann in eine große, vorgewärmte Servierschüssel füllen.

Die Kochstelle auf schwache Hitze reduzieren. Die restliche Butter in die Pfanne geben und den gehackten Knoblauch 15 Sekunden anbraten. Semmelbrösel, Salbei und noch etwas Pfeffer hinzufügen. Die Semmelbrösel unter Rühren etwa 4 Minuten goldbraun rösten.

Die Nudeln abgießen und abtropfen lassen, zu dem Blumenkohl in die Schüssel geben und alles gut miteinander vermischen. Die Semmelbrösel kurz vor dem Servieren über das Gericht streuen.

Tomaten-Tagliatelle mit Artischocken und Minze

Portionen: 4
Arbeits- und Gesamtzeit: etwa 40 Minuten

Kal. **310**
Joule **1300**
Prot. **9 g**
Chol. **70 mg**
Fett insg. **12 g**
Ges. Fetts. **2 g**
Natr. **430 mg**

Tomatennudelteig
1 Ei
1 Eiweiß
3 EL Tomatenmark
1 EL kaltgepreßtes Olivenöl
175 bis 200 g Mehl
Artischocken-Minze-Sauce
6 Artischocken
Saft von 1 Zitrone
½ TL Salz
Frisch gemahlener schwarzer Pfeffer
4 Knoblauchzehen, feingehackt
2 EL gehackte frische Minze oder Basilikum
2 EL kaltgepreßtes Olivenöl

Zur Herstellung des Teiges mit der Küchenmaschine Ei, Eiweiß, Tomatenmark und Öl in die Rührschüssel geben und 5 Sekunden verrühren. 175 g Mehl hinzufügen und das Gerät etwa 30 Sekunden anschalten. Falls sofort eine Teigkugel entsteht, die sich feucht anfühlt, eßlöffelweise Mehl hinzufügen. Der Teig soll weich sein, darf aber nicht kleben. Bildet sich keine Kugel, versucht man, den Teig mit den Händen zusammenzudrücken. Ist die Mischung noch zu trocken, teelöffelweise Wasser einarbeiten, bis eine Teigkugel geformt werden kann. Bei Verwendung einer Nudelmaschine kann der Teig sofort geknetet und ausgerollt werden (Anleitung S. 12 und 13).

Wird der Teig von Hand zubereitet, 175 g Mehl in eine Rührschüssel geben und in die Mitte eine Vertiefung eindrücken. Ei, Eiweiß, Tomatenmark und Öl in die Mulde gießen und nach und nach in das Mehl einarbeiten. Den Teig auf die leicht bemehlte Arbeitsfläche setzen und einige Minuten kneten – er darf nicht an der Arbeitsfläche kleben bleiben. Ist er zu feucht, eßlöffelweise Mehl hinzufügen, bis er nicht mehr klebt. Ist er zu trocken und krümelig, teelöffelweise Wasser hinzufügen, bis er geschmeidig wird. Etwa 10 Minuten weiterkneten, bis der Teig glatt und elastisch ist. Den Teig kann man auch in einer Nudelmaschine kneten (Anleitung S. 12 und 13).

Wird keine Nudelmaschine verwendet, schlägt man den Teig in Pergamentpapier oder Klarsichtfolie ein und läßt ihn vor dem Ausrollen 15 Minuten ruhen.

Den Teig ausrollen und Tagliatelle (d. h. Bandnudeln) daraus schneiden (Anleitung S. 13). Die Nudeln auf ein Brett legen und beiseite stellen.

Zur Zubereitung der Artischocken etwa 3 cm hoch Wasser in eine große, säurebeständige Pfanne gießen. Zitronensaft, Salz, etwas Pfeffer und den gehackten Knoblauch hinzufügen. Die Stiele der Artischocken jeweils abbrechen oder wegschneiden. Dann die Blätter – an der Basis beginnend – abbrechen und wegwerfen, bis die zartgelben Blätter im Innern sichtbar werden. Mit einem großen, scharfen Messer, unter den Basen ansetzend, die zartgelben Blätter durchschneiden und wegwerfen. Alle violetten Blätter und das gesamte faserige Heu mit einem Küchenmesser entfernen, dann die Artischockenböden in Viertel schneiden. Die Viertel wiederum in vier Teile schneiden und in die Pfanne mit dem Wasser und den Gewürzen geben.

Das Wasser in der Pfanne bei mittelstarker Hitze zum Kochen bringen. Die Temperatur herunterschalten und die Flüssigkeit 15 Minuten simmern lassen, bis sie auf 4 EL eingekocht ist und die Artischockenböden weich sind.

In der Zwischenzeit 3 l Wasser mit 1½ TL Salz zum Kochen bringen. Die Tagliatelle in das kochende Wasser geben. Nach 2 Minuten die erste Garprobe machen – die Nudeln nur kochen, bis sie gar, aber noch bißfest sind. Die Tagliatelle abgießen, abtropfen lassen und zu den Artischocken in die Pfanne geben. Zum Schluß gehackte Minze oder Basilikum sowie das Olivenöl hinzufügen, alles gut vermischen und servieren.

Spinatnudelteig

Portionen: 4

Kal. **225**
Joule **945**
Prot. **8 g**
Chol. **60 mg**
Fett insg. **7 g**
Ges. Fetts. **1 g**
Natr. **120 mg**

175 bis 200 g Mehl
3 EL feingehackter Spinat (etwa 150 g tiefgefrorener Spinat, aufgetaut, oder 250 g frischer Spinat, gewaschen, entstielt und 1 Minute in kochendem Wasser blanchiert)
1 Ei
1 Eiweiß
1 EL Sonnenblumenöl

Zur Herstellung des Teiges mit der Küchenmaschine den Spinat zusammen mit Ei, Eiweiß und Öl in die Rührschüssel geben und 5 Sekunden pürieren. Dann 175 g Mehl hinzufügen und das Gerät etwa 30 Sekunden anschalten. Falls sofort eine Teigkugel entsteht, die sich feucht anfühlt, eßlöffelweise Mehl hinzufügen. Der Teig soll weich sein, darf aber nicht kleben. Bildet sich keine Kugel, versucht man, den Teig mit den Händen zusammenzudrükken. Ist die Mischung noch zu trocken, teelöffelweise Wasser daruntermischen, bis eine Teigkugel geformt werden kann. Bei Verwendung einer Nudelmaschine kann der Teig sofort geknetet und ausgerollt werden (Anleitung S. 12 und 13).

Wird der Teig von Hand zubereitet, 175 g Mehl in eine Rührschüssel geben und in die Mitte eine Vertiefung eindrücken. Spinat, Ei, Eiweiß und Öl in die Mulde gießen und nach und nach das Mehl einarbeiten. Den Teig auf die leicht bemehlte Arbeitsfläche setzen und einige Minuten kneten – er darf nicht an der Arbeitsfläche kleben bleiben. Ist er zu feucht, eßlöffelweise Mehl hinzufügen, bis er nicht mehr klebt. Ist der Teig zu trocken und krümelig, teelöffelweise Wasser hinzufügen, bis er geschmeidig wird. Etwa 10 Minuten weiterkneten, bis der Teig glatt und elastisch ist. Er kann auch in einer Nudelmaschine geknetet werden (Anleitung S. 12 und 13).

Wird keine Nudelmaschine verwendet, schlägt man den Teig in Pergamentpapier oder Klarsichtfolie ein und läßt ihn vor dem Ausrollen 15 Minuten ruhen.

Teigtaschen mit Krebsfleisch

Portionen: 4
Arbeits- und Gesamtzeit: etwa 1 Stunde und 15 Minuten

Kal. **350**
Joule **1470**
Prot. **24 g**
Chol. **145 mg**
Fett insg. **10 g**
Ges. Fetts. **3 g**
Natr. **325 mg**

Spinatnudelteig (Rezept S. 29)
350 g Krebsfleisch aus der Dose (Crab meat), alle Schalenreste entfernt und weggeworfen
6 Frühlingszwiebeln, grüner Lauch und weiße Teile getrennt in dünne Scheiben geschnitten
1½ TL feingehackte frische Ingwerwurzel
10 Tropfen Tabascosauce
750 g reife Tomaten, abgezogen und entkernt, oder 400 g ganze Tomaten aus der Dose, abgetropft
1 EL Weißweinessig
1 Knoblauchzehe, feingehackt
1 Messerspitze Cayennepfeffer
2 EL süße Sahne

Für die Zubereitung der Füllung das Krebsfleisch, den Lauch der Frühlingszwiebeln, die gehackte Ingwerwurzel und die Tabascosauce in einer Schüssel vermengen. Die Mischung in den Kühlschrank stellen.

Für die Sauce zunächst die Tomaten im Mixer oder in der Küchenmaschine pürieren. Das Püree in einen Topf gießen. Essig, gehackten Knoblauch, Cayennepfeffer und die weißen Teile der Frühlingszwiebeln hinzufügen und alles zum Kochen bringen. Die Kochstelle auf schwache Hitze reduzieren und die Sauce 10 Minuten simmern lassen. Den Topf beiseite stellen.

Den Nudelteig in zwei Stücke teilen. Die Teigstücke jeweils zu etwa 1 mm dicken und 10 cm breiten Streifen ausrollen. Die Streifen auf die leicht bemehlte Arbeitsfläche legen und im Abstand von 12 cm auseinanderschneiden, so daß 10 × 12 cm große Rechtecke entstehen. Auf der einen Hälfte der Rechtecke etwa 2 EL Krebsmischung verteilen, jedoch einen gut 1 cm breiten Rand frei lassen. Die Ränder der Rechtecke mit den Fingern leicht anfeuchten, dann den Teig über die Füllung schlagen, so daß kissenförmige rechteckige Taschen von etwa 6 × 10 cm Größe entstehen. Damit die Füllung nicht herauslaufen kann, die Ränder fest zusammendrücken und mit einem Teigrädchen oder Messer nachschneiden. Die drei Schnittkanten mit dem Messerrücken etwas flach drükken. Auf diese Weise entsteht eine dekorative Verzierung, und die Teigränder halten besser zusammen.

Die Teigtaschen in 4 l kochendem Waser mit 2 TL Salz 5 Minuten garen und nach der halben Zeit mit einem Schaumlöffel wenden. Inzwischen die Sauce bei niedriger Temperatur erhitzen und die Sahne mit einem Schneebesen einrühren. Die Hälfte der Sauce auf eine vorgewärmte Platte schöpfen. Die Teigtaschen mit einem Schaumlöffel aus dem kochenden Wasser heben, gut abtropfen lassen und die Teigtaschen auf der Platte anrichten. Die restliche Sauce getrennt dazu reichen.

Spinat-Tagliatelle mit Chicorée und Speck

Portionen: 6 (als Vorspeise)
Arbeits- und Gesamtzeit: etwa 30 Minuten

Kal. **215**
Joule **905**
Prot. **8 g**
Chol. **50 mg**
Fett insg. **10 g**
Ges. Fetts. **2 g**
Natr. **265 mg**

Spinatnudelteig (Rezept S. 29)

5 Streifen magerer Speck (Frühstücksspeck), in gut 1 cm große Stücke geschnitten

1½ EL kaltgepreßtes Olivenöl

2 große Chicorée (etwa 325 g), die Enden entfernt, die Blätter schräg in 3 cm breite Streifen geschnitten und in 1 EL frischem Zitronensaft geschwenkt

1 Prise Salz

Frisch gemahlener schwarzer Pfeffer

Den Nudelteig ausrollen und Tagliatelle (d. h. Bandnudeln) daraus schneiden (Anleitung S. 13). Die Nudeln auf einer leicht bemehlten Arbeitsfläche beiseite legen.

In der Zwischenzeit die Speckstücke in einer großen, schweren Pfanne bei mittlerer Temperatur unter gelegentlichem Rühren etwa 8 Minuten braten, bis sie kroß sind. Die Pfanne von der Kochstelle nehmen und die Speckstücke zum Abtropfen mit einem Schaumlöffel auf ein Stück Küchenkrepp heben. Das ausgebratene Fett bis auf 2 EL aus der Pfanne gießen, dann die Pfanne wieder auf die Kochstelle setzen. Olivenöl und Chicoréestreifen hineingeben und den Chicorée unter häufigem Rühren 2 Minuten sautieren, dann salzen und pfeffern.

Während der Chicorée gart, die Tagliatelle in 3 l kochendes Wasser mit 1½ TL Salz geben und nur etwa 2 Minuten kochen, bis sie gar, aber noch bißfest sind. Die Nudeln abgießen, abtropfen lassen und zu dem Chicorée in die Pfanne geben. Die Speckstücke hinzufügen, alles gut mischen und sofort servieren.

Agnolotti mit Putenfüllung

Portionen: 4 (etwa 36 Agnolotti)
Arbeits- und Gesamtzeit: etwa 1 Stunde

Kal. **445**
Joule **1870**
Prot. **34 g**
Chol. **140 mg**
Fett insg. **14 g**
Ges. Fetts. **4 g**
Natr. **370 mg**

Putenfüllung

750 g ganze Putenkeule, enthäutet, 140 g Fleisch vom Oberschenkel abgelöst, restliches Fleisch, Knochen und Unterschenkel für die Sauce aufbewahrt
1 EL Sonnenblumenöl
2 Knoblauchzehen, feingehackt
1 Zwiebel, feingehackt
1 scharfe grüne Chilischote, entkernt und feingehackt (siehe Anmerkung unten)
¼ TL Salz
2 EL gehackte frische Korianderblätter
1 EL geriebene Halbbitter-Schokolade

Kakaonudelteig

175 bis 200 g Mehl
1½ EL Kakao
1 Ei
1 Eiweiß

Koriandersauce

2 reife Tomaten, abgezogen, entkernt und gehackt
1 Knoblauchzehe, feingehackt
1 EL frischer Zitronensaft
Frisch gemahlener schwarzer Pfeffer
30 g frische Korianderblätter
1 Frühlingszwiebel, in dünne Scheiben geschnitten

Das abgewogene Oberschenkelfleisch beiseite stellen. Das Fleisch vom Unterschenkel lösen und zusammen mit den Knochen und dem restlichen Oberschenkelfleisch in einen Topf geben. Alles etwa 3 cm hoch mit Wasser bedecken und bei mittelhoher Temperatur 30 bis 45 Minuten kochen, bis die Brühe auf 16 cl reduziert ist.

In der Zwischenzeit die Füllung zubereiten. Das aufbewahrte Putenfleisch durch einen Fleischwolf drehen. Das Öl bei niedriger Temperatur in einer großen, schweren Pfanne erhitzen. Knoblauch-, Zwiebel- und Chilischotenstücke hinzufügen und unter häufigem Rühren 5 Minuten sautieren. Putenfleisch und Salz dazugeben. Etwa 1 Minute rühren, bis alles gut vermengt und das Fleisch hell geworden ist. Die Mischung sofort in eine Schüssel füllen, Korianderblätter und geriebene Schokolade hineinrühren und in den Kühlschrank stellen.

Zur Herstellung des Kakaonudelteiges mit der Küchenmaschine 175 g Mehl, Kakao, Ei und Eiweiß in die Rührschüssel geben und etwa 30 Sekunden lang mit dem Knethaken mischen. Falls sofort eine Teigkugel entsteht, die sich feucht anfühlt, eßlöffelweise Mehl hinzufügen. Der Teig soll weich sein, darf aber nicht kleben.

Bildet sich keine Kugel, versucht man, den Teig mit den Händen zusammenzudrücken. Ist die Mischung noch zu trocken, teelöffelweise Wasser einarbeiten, bis eine Teigkugel geformt werden kann. Verwendet man eine Nudelmaschine, kann der Teig sofort geknetet und ausgerollt werden (Anleitung S. 12 und 13).

Wird der Teig von Hand zubereitet, das Mehl und den Kakao in eine Schüssel geben und eine Vertiefung in die Mitte drücken. Ei und Eiweiß hinzufügen und mit einer Gabel oder einem Holzlöffel nach und nach das Mehl einarbeiten. Den Teig auf die leicht bemehlte Arbeitsfläche setzen und einige Minuten kneten – er darf nicht an der Arbeitsfläche kleben bleiben. Ist er zu feucht, eßlöffelweise weiteres Mehl hinzufügen, bis er nicht mehr klebt. Ist der Teig zu trocken und krümelig, teelöffelweise Wasser hineinarbeiten, bis er geschmeidig wird. Etwa 10 Minuten weiterkneten, bis der Teig schließlich glatt und elastisch ist. Er kann auch in einer Nudelmaschine geknetet werden (Anleitung S. 12 und 13).

Wer keine Nudelmaschine verwendet, schlägt den Teig in Pergamentpapier oder Klarsichtfolie ein und läßt ihn vor dem Ausrollen 15 Minuten ruhen.

Den Teig in drei Stücke teilen. Zwei Portionen – mit einer umgedrehten Schüssel oder Klarsichtfolie abgedeckt – beiseite stellen. Das dritte Stück zu einem etwa 1 mm dicken Teigblatt ausrollen. Mit einem etwa 8 cm großen runden Ausstecher ungefähr 12 Teigblätter ausstechen. Dicht neben die Mitte jeweils 1 TL Füllung setzen. Die Teigblätter am Rand mit Wasser befeuchten und dann in der Mitte zusammenfalten. Die Ränder fest zusammendrücken, damit die Füllung nicht herauslaufen kann. Die restlichen zwei Teigstücke auf die gleiche Weise ausrollen und verarbeiten, so daß etwa 36 Agnolotti bzw. Teigtäschchen entstehen.

Für die Zubereitung der Sauce die eingekochte Brühe durch ein Sieb in einen Topf gießen. Tomaten- und Knoblauchstücke, Zitronensaft und etwas Pfeffer hinzufügen und die Flüssigkeit zum Kochen bringen. Die Kochstelle auf niedrige Temperatur herunterschalten und die Mischung 3 Minuten simmern lassen. Den Topf von der Kochstelle nehmen und Korianderblätter sowie die Frühlingszwiebelscheiben unterrühren.

Die Agnolotti etwa 3 Minuten in 3 l kochendem Wasser mit 1½ TL Salz garen, bis sie an die Oberfläche steigen – dabei einmal umrühren. (Falls notwendig, die Nudeln in mehreren Arbeitsgängen kochen, damit sie in reichlich Wasser schwimmen können.) Die Agnolotti mit einem Schaumlöffel herausnehmen und warm stellen. Kurz vor dem Servieren die Sauce darüberziehen.

Chilischoten – mit Vorsicht zu verwenden

Bei der Verwendung frischer wie getrockneter Chilischoten ist Vorsicht geboten. Fleisch und Samen enthalten ätherische Öle, die auf der Haut und in den Augen schmerzhaftes Brennen verursachen können. Wenn Gummihandschuhe auch Schutz bieten, sollte man beim Hantieren mit Chillies doch darauf achten, weder Gesicht noch Lippen oder Augen damit zu berühren.

Frische Chilischoten verlieren etwas von ihrer Schärfe, wenn man sie für 1 Stunde in kaltes Wasser legt. Eingelegte Chilischoten sollte man gründlich mit kaltem Wasser abspülen.

Maisnudeln mit Chili-Tomaten-Sauce

Portionen: 4
Arbeits- und Gesamtzeit: etwa 1 Stunde

Kal. **295**
Joule **1240**
Prot. **8 g**
Chol. **75 mg**
Fett insg. **12 g**
Ges. Fetts. **3 g**
Natr. **265 mg**

Maisnudelteig

90 g gemahlenes Maismehl
90 g Weizenmehl
1 Ei
1 Eiweiß
1 EL kaltgepreßtes Olivenöl

Scharfe Chili-Tomaten-Sauce

1 EL Sonnenblumenöl
5 Knoblauchzehen, abgezogen und in feine Scheiben geschnitten
2 kleine getrocknete rote Chilischoten, feingehackt (S. 33), oder ½ TL zerstoßene getrocknete Chillies
1 grüne Paprikaschote, entkernt, die Rippen entfernt und gehackt
¼ TL Salz
1 große, reife Tomate, abgezogen, entkernt und feingehackt
1 EL Rotweinessig
1 EL Butter

Zur Herstellung des Nudelteiges Maismehl und Weizenmehl in einer großen Schüssel mischen und eine Vertiefung in die Mitte drücken. In einer kleinen Schüssel Ei, Eiweiß und 3 EL Wasser verquirlen, in die Mulde gießen und nach und nach mit dem Mehl verrühren. Wenn fast das gesamte Mehl aufgenommen ist, das Olivenöl dazugeben und mit der Hand einarbeiten.

Den Teig auf die bemehlte Arbeitsfläche setzen und kneten. Ist der Teig zu trocken und krümelig, teelöffelweise Wasser einarbeiten. Ist er zu feucht und klebrig, eßlöffelweise Mehl dazugeben, bis er nicht mehr an der Arbeitsfläche und den Händen kleben bleibt. Den Teig 10 bis 15 Minuten durchkneten, bis er weich und geschmeidig ist. Dann in Klarsichtfolie einschlagen, damit er nicht austrocknet, und 15 Minuten ruhen lassen. Anschließend läßt er sich leichter ausrollen.

Die Arbeitsfläche mit etwas Maismehl bestäuben. Die Klarsichtfolie entfernen und den Teig zu einem etwa 60 × 25 cm großen Rechteck ausrollen. Dann quer in gut 1 cm breite Streifen schneiden.

Zur Zubereitung der Sauce das Sonnenblumenöl in einer großen, schweren Pfanne bei mittlerer Temperatur erhitzen. Knoblauchscheiben, Chilistückchen oder zerstoßene rote Chillies hinzufügen und unter häufigem Rühren etwa 4 Minuten anbraten, bis der Knoblauch leicht gebräunt ist. Die Paprikastückchen und das Salz dazugeben und alles noch einmal 5 Minuten garen. Tomatenstücke, Essig und Butter unterrühren und die Mischung weitere 2 Minuten garen.

Die Nudeln in einen großen Topf mit 3 l kochendem Wasser und 1½ TL Salz geben und den Deckel auflegen. Wenn das Wasser wieder kocht, die Nudeln noch etwa weitere 6 Minuten kochen lassen. Abgießen, abtropfen lassen und zu der Sauce in die Pfanne geben. Alles gut mischen und heiß servieren.

Buchweizennudeln in Senfsauce mit grünem Pfeffer

Potionen: 4
Arbeits- und Gesamtzeit: etwa 30 Minuten

Kal. **375**
Joule **1575**
Prot. **13 g**
Chol. **75 mg**
Fett insg. **11 g**
Ges. Fetts. **2 g**
Natr. **385 mg**

Buchweizennudelteig

175 g bis 200 g Mehl
50 g Buchweizenmehl
1 Ei
1 Eiweiß
1 EL Sonnenblumenöl

Pfeffer-Senf-Sauce

1 EL Sonnenblumenöl
1 EL feingehackte Schalotten
⅛ l trockener Weißwein
2 TL Dijon-Senf
1 EL grüner Pfeffer, gewaschen, abgetropft und zerdrückt
35 cl fettarme Milch
1 Tomate, abgezogen, entkernt und grobgehackt
½ TL Salz
Petersilie zum Garnieren

Zur Herstellung des Nudelteiges mit der Küchenmaschine 175 g Mehl, Buchweizenmehl, Ei, Eiweiß und Öl in die Rührschüssel geben und das Gerät etwa 30 Sekunden anschalten. Falls sofort eine Teigkugel entsteht, die sich feucht anfühlt, eßlöffelweise weiteres Mehl hinzufügen. Der Teig soll weich und geschmeidig sein, darf aber nicht kleben. Bildet sich keine Kugel, drückt man den Teig mit den Händen zusammen. Ist die Mischung noch zu trokken, arbeitet man teelöffelweise Wasser hinein, bis eine Teigkugel entsteht. Den Teig auf die leicht bemehlte Arbeitsfläche setzen und einige Minuten kneten. Er kann auch mit einer Nudelmaschine fertiggeknetet und ausgerollt werden (Anleitung S. 12 und 13).

Wird der Teig von Hand zubereitet, das Mehl in eine Rührschüssel geben, eine Vertiefung in die Mitte eindrükken und Ei, Eiweiß und Öl hineingeben. Mit einer Gabel oder einem Holzlöffel nach und nach das Mehl vom Rand einarbeiten. Den Teig anschließend auf die leicht bemehlte Arbeitsfläche setzen und einige Minuten kneten – er darf nicht an der Arbeitsfläche kleben bleiben. Ist der Teig zu feucht, eßlöffelweise weiteres Mehl hineinkneten. Ist er zu trocken und krümelig, teelöffelweise Wasser hinzufügen, bis er geschmeidig wird. Etwa 10 Minuten weiterkneten, bis der Teig glatt und elastisch ist. Man kann ihn auch einige Minuten von Hand und dann in einer Nudelmaschine kneten (Anleitung S. 12 und 13).

Wird keine Nudelmaschine verwendet, schlägt man den Teig in Pergamentpapier oder Klarsichtfolie ein und läßt ihn vor dem Ausrollen 15 Minuten ruhen.

Den Teig ausrollen und Tagliatelle (d. h. Bandnudeln) daraus schneiden (Anleitung S. 13).

Für die Zubereitung der Sauce das Öl bei mittelhoher Temperatur in einer großen, schweren Pfanne erhitzen. Die Schalottenstückchen hinzufügen und in etwa 1 Minute glasig dünsten. Weißwein, Senf und die zerdrückten Pfefferkörner dazugeben. Unter Rühren garen, bis fast der gesamte Wein eingekocht ist. Die Milch hinzufügen, die Sauce noch einmal zum Simmern bringen, dann auf mittelschwache Hitze reduzieren. Die Nudeln dazugeben und etwa 3 Minuten in der Sauce simmern lassen; bis sie gar, aber noch bißfest sind. Die gehackte Tomate darunterheben und das Gericht mit Salz abschmecken. In eine vorgewärmte Servierschüssel füllen, mit der Petersilie garnieren und sofort servieren.

Pappardelle mit Puten-Rotwein-Sauce

PAPPARDELLE SIND BREITE ITALIENISCHE NUDELN, DIE MAN MIT EINEM TEIGRÄDCHEN SCHNEIDET, DAMIT SIE DEN FÜR SIE TYPISCHEN GEWELLTEN RAND BEKOMMEN.

Portionen: 8
Arbeitszeit: etwa 1 Stunde und 45 Minuten
Gesamtzeit: etwa 4 Stunden

Kal. **420**
Joule **1765**
Prot. **25 g**
Chol. **90 mg**
Fett insg. **10 g**
Ges. Fetts. **3 g**
Natr. **240 mg**

Möhrennudelteig

250 g Möhren, geschält und in dünne Scheiben geschnitten
200 bis 225 g Mehl
1 Ei
1 Eiweiß
1 EL Sonnenblumenöl

Puten-Rotwein-Sauce

¼ TL frischer oder ⅛ TL getrockneter Thymian
1 Lorbeerblatt
6 schwarze Pfefferkörner
1 Gewürznelke
6 Wacholderbeeren oder 2 EL Gin
1 Zwiebel, in dünne Scheiben geschnitten
1 Möhre, geschält und in dünne Scheiben geschnitten
1 Stange Bleichsellerie, geputzt und in dünne Scheiben geschnitten
3 Knoblauchzehen, zerdrückt
75 cl Rotwein, falls notwendig auch mehr
4 EL Weinbrand
3 Putenunterschenkel von je etwa 350 g
4 EL Mehl
1 EL Sonnenblumenöl
175 g Champignons, geputzt, gewaschen und in Viertel geschnitten
250 g frische Perlzwiebeln (nach Belieben), abgezogen
4 EL frisch geriebener Parmesankäse

Für die Zubereitung der Putensauce zunächst eine Marinade herstellen: Thymian, Lorbeerblatt, Pfefferkörner, Nelke und gegebenenfalls Wacholderbeeren in ein Stück Mulltuch von 10 × 10 cm binden. In einem großen, säurebeständigen Schmortopf den Gin (sofern er anstelle der Wacholderbeeren verwendet wird), Zwiebel-, Möhren- und Bleichselleriescheiben, Knoblauch und Wein mischen und das Gewürzsäckchen dazugeben. Zum Kochen bringen, dann die Temperatur herunterschalten und alles 15 Minuten simmern lassen. Den Schmortopf beiseite stellen. Ist die Marinade abgekühlt, den Weinbrand einrühren. Die Putenschenkel in den Schmortopf legen. (Sie sollten von der Flüssigkeit fast bedeckt sein, anderenfalls noch etwas Wein dazugießen.) Die Putenschenkel mindestens 2 Stunden im Kühlschrank marinieren lassen.

Für den Nudelteig die Möhrenscheiben in einen Topf geben und mit Wasser bedecken, bei mittelstarker Hitze zum Kochen bringen und etwa 7 Minuten garen, bis sie weich sind. Abtropfen lassen und im Mixer oder in der Küchenmaschine pürieren beziehungsweise durch ein Sieb streichen. Das Püree zurück in den Topf geben und bei mittlerer Temperatur unter ständigem Rühren etwa 3 Minuten kochen, damit möglichst viel Flüssigkeit verdampft, ohne daß es anbrennt. Das Püree beiseite stellen.

Zur Herstellung des Nudelteiges mit der Küchenmaschine 200 g Mehl, Ei, Eiweiß, Möhrenpüree und Öl in die Rührschüssel geben und das Gerät etwa 30 Sekunden anschalten. Falls sofort eine Teigkugel entsteht, die sich feucht anfühlt, eßlöffelweise Mehl hinzufügen. Der Teig soll weich sein, darf aber nicht kleben.

Bildet sich keine Kugel, versucht man, den Teig mit den Händen zusammenzudrücken. Ist die Mischung noch zu trocken, arbeitet man teelöffelweise Wasser hinein, bis eine Teigkugel entsteht. Verwendet man eine Nudelmaschine, kann der Teig sofort geknetet und ausgerollt werden (Anleitung S. 12 und 13).

Wird der Teig von Hand zubereitet, 200 g Mehl in eine Rührschüssel geben und eine Vertiefung in die Mitte eindrücken. Ei, Eiweiß, Möhrenpüree und Öl hineingießen und mit einer Gabel oder einem Holzlöffel nach und nach in das Mehl einarbeiten. Den Teig auf die leicht bemehlte Arbeitsfläche setzen und einige Minuten kneten – er darf nicht an der Arbeitsfläche kleben bleiben. Ist er zu feucht, eßlöffelweise Mehl einarbeiten, bis er nicht mehr klebt. Ist er zu trocken und krümelig, teelöffelweise Wasser hinzufügen, bis er geschmeidig wird. Etwa 10 Minuten weiterkneten, bis der Teig glatt und elastisch ist. Der Teig kann auch in einer Nudelmaschine geknetet und ausgerollt werden (Anleitung S. 12 und 13).

Wird keine Nudelmaschine verwendet, schlägt man den Teig in Pergamentpapier oder Klarsichtfolie ein und läßt ihn vor dem Ausrollen 15 Minuten ruhen.

Um aus dem ausgerollten Teigblatt Pappardelle herzustellen, wird es mit einem Teigrädchen in 1 bis 2 cm breite Streifen geschnitten. (Man kann mit einem Messer auch Tagliatelle schneiden.) Die Nudeln beiseite stellen.

Kurz bevor das Putenfleisch fertig mariniert ist, den Grill vorheizen. Die Schenkel aus dem Schmortopf nehmen und mit Küchenkrepp trockentupfen. Mit Öl bepinseln, leicht in Mehl wenden und etwa 15 Minuten – ungefähr 8 cm unter der Grillvorrichtung – grillen. Sobald die eine Seite gebräunt ist, die Schenkel umdrehen.

Die Backofentemperatur auf 190° C (Gasherd Stufe 3) schalten. Die Putenschenkel wieder in die Marinade le-

gen. Den Schmortopf auf die Kochstelle setzen und die Marinade bei mittelhoher Temperatur zum Kochen bringen. Den Deckel fest auflegen und den Schmortopf in den Backofen schieben. Die Schenkel etwa 1 Stunde schmoren, bis sie weich sind, dabei hin und wieder drehen, damit sie gleichmäßig gar werden.

Etwa 15 Minuten vor Ende der Schmorzeit die Champignons und – falls verwendet – die Perlzwiebeln in getrennten Töpfen mit Wasser bedecken. Das Wasser bei mittelstarker Hitze zum Kochen bringen und die Gemüse garen, bis sie weich sind – die Pilze etwa 3 Minuten, die Perlzwiebeln etwa 10 Minuten. Das Wasser abgießen und die Gemüse beiseite stellen.

Die Putenschenkel aus der Sauce nehmen und auf einen Teller legen. Wenn sie etwas abgekühlt sind, die Haut abziehen und wegwerfen. Das Fleisch mit den Fingern zerpflücken, alle Sehnen entfernen und das Fleisch beiseite stellen. Das Gewürzsäckchen aus der Sauce nehmen und wegwerfen. Mit einem Schaumlöffel das Gemüse aus der Sauce heben und pürieren.

Möglichst viel Fett von der Sauce abschöpfen, dann das Gemüsepüree unterrühren. Vorbereitetes Putenfleisch, Champignons und gegebenenfalls Perlzwiebeln dazugeben. Alle Zutaten behutsam mischen und dann warm stellen, während die Nudeln gegart werden.

Die Pappardelle in 4 l kochendes Wasser mit 2 TL Salz geben. Nach 1 Minute die erste Garprobe machen – die Nudeln nur so lange kochen, bis sie zwar gar, aber noch bißfest sind. Abgießen, abtropfen lassen und in eine große vorgewärmte Servierschüssel füllen. Die Sauce über die Nudeln verteilen und das Gericht sofort servieren. Den Käse getrennt dazu reichen.

Pasta trita mit grünen Bohnen und Cheddar

DIESE PASTAFORM (WÖRTLICH ZERKLEINERTE PASTA) WIRD IN ITALIEN HÄUFIG AUCH ALS SUPPENEINLAGE VERWENDET.

Portionen: 6
Arbeitszeit: etwa 20 Minuten
Gesamtzeit: etwa 1 Stunde und 20 Minuten

Kal. **230**
Joule **965**
Prot. **12 g**
Chol. **60 mg**
Fett insg. **6 g**
Ges. Fetts. **4 g**
Natr. **340 mg**

200 g Mehl
1 Ei
1 Eiweiß
½ TL Salz
125 g grüne Bohnen, abgezogen und schräg in dünne Scheiben geschnitten
½ l fettarme Milch
¼ TL frisch gemahlener weißer Pfeffer
1 Messerspitze Cayennepfeffer
90 g Cheddar-Käse, gerieben
4 EL frische Weißbrotkrumen

Das Mehl in eine Schüssel geben und eine Vertiefung in die Mitte eindrücken. In einer anderen Schüssel Ei, Eiweiß und ¼ TL Salz kurz verschlagen und dann in die Mulde zu dem Mehl gießen. Mit einem großen Löffel rühren, bis sich Klümpchen bilden. So viel kaltes Wasser (1 bis 2 EL) hinzufügen, daß mit den Händen aus der Masse eine Kugel geformt werden kann. Eventuelle Mehlreste von Hand in den Teig einarbeiten. Den Teig auf die bemehlte Arbeitsfläche setzen und etwa 5 Minuten gut durchkneten, bis er fest und glatt ist. Dann in Klarsichtfolie einschlagen und für etwa 1½ Stunden in das Gefrierfach legen, damit er hart wird.

Den Teig aus dem Gefrierfach nehmen, auswickeln und mit der groben Seite eines Reibeisens raspeln. Die Bohnenscheiben 2 Minuten in kochendem Wasser blanchieren, anschließend in einem Sieb unter fließendem kaltem Wasser abschrecken. Den Backofen auf 180° C (Gasherd Stufe 2–3) vorheizen.

Die Milch bei schwacher Hitze in einem großen Topf zum Simmern bringen. Nudeln, weißen Pfeffer, Cayennepfeffer und das restliche Salz hinzufügen. Die Nudeln 4 bis 5 Minuten unter gelegentlichem Rühren simmern lassen, bis sie fast die gesamte Flüssigkeit aufgenommen haben. Die Bohnen und die Hälfte des geriebenen Käses dazugeben und alles gut vermischen.

Den Topfinhalt in eine Auflaufform füllen. Den restlichen Käse mit den Weißbrotkrumen mischen und über das Gericht streuen. Etwa 20 Minuten überbacken, bis sich eine knusprige, goldbraune Kruste gebildet hat. Das Gericht sofort heiß servieren.

Bataten-Gnocchi

Portionen: 4
Arbeitszeit: etwa 35 Minuten
Gesamtzeit: etwa 1 Stunde und 35 Minuten

Kal. **265**
Joule **1115**
Prot. **10 g**
Chol. **10 mg**
Fett insg. **3 g**
Ges. Fetts. **1 g**
Natr. **495 mg**

500 g Bataten, 1 Stunde bei 200° C (Gasherd Stufe 3–4) im Backofen gegart, abgekühlt und geschält
4 EL fettarmer Joghurt
4 EL frisch geriebener Parmesankäse
7 bis 8 EL Mehl
¼ TL Salz
¼ TL frisch gemahlener weißer Pfeffer
¼ TL geriebene Muskatnuß
¼ TL gemahlener Kreuzkümmel
3 Eiweiß
¼ l ungesalzene Gemüse- oder Hühnerbrühe
30 g gekochter Schinken, in feine Streifen geschnitten
2 EL Basilikumblätter, in Streifen geschnitten

Die Bataten in einer Schüssel zerstampfen. Joghurt, Parmesankäse und Mehl hinzufügen und alles mit einer Gabel oder einem Holzlöffel gut vermischen. (Die Zutaten können auch im Mixer oder in der Küchenmaschine 30 Sekunden verrührt werden; dabei muß man zwischendurch die Masse einmal von der Gefäßwand abstreichen.) Die Mischung mit Salz, Pfeffer, Muskat und Kreuzkümmel würzen, dann das Eiweiß unterschlagen.

Etwa 3 l Wasser mit 1½ TL Salz zum Kochen bringen. Die Masse mit zwei Eßlöffeln – wie auf der gegenüberliegenden Seite gezeigt – zu Klößchen formen. Die Gnocchi direkt vom Löffel in das kochende Wasser gleiten lassen, bis etwa 6 Gnocchi im Topf schwimmen. Wenn alle wieder nach oben gestiegen sind, die Klößchen noch 3 Minuten garen, dann mit einem Schaumlöffel in eine dünn mit Öl ausgestrichene Schüssel heben und warm stellen. Die übrigen Gnocchi auf die gleiche Weise zubereiten.

Die Brühe erhitzen und über die Gnocchi gießen. Schinken- und Basilikumstreifen darüberstreuen und das Gericht sofort heiß servieren.

Bataten-Gnocchi herstellen

1 *DEN TEIG ABSTECHEN. Mit einem nassen Eßlöffel knapp einen Löffel voll Teig abstechen. Einen zweiten gleich großen, ebenfalls nassen Eßlöffel in die andere Hand nehmen und ihn schräg unter die Masse schieben.*

2 *GNOCCHI FORMEN. Den ersten Löffel nach hinten drehen und den Teig rasch auf den anderen Löffel nehmen. Diesen Arbeitsgang wiederholen, bis ein Klößchen mit drei abgeflachten Seiten entstanden ist.*

3 *DIE GNOCCHI GARZIEHEN LASSEN. Den Löffel mit dem Klößchen in einen Topf mit simmerndem Wasser tauchen und behutsam rühren. Das Klößchen sollte sich rasch vom Löffel lösen. Jeweils etwa 6 Stück formen und garen.*

Spinat-Gnocchi

Portionen: 4
Arbeitszeit: etwa 40 Minuten
Gesamtzeit: etwa 1 Stunde

Kal. **265**
Joule **1115**
Prot. **18 g**
Chol. **35 mg**
Fett insg. **14 g**
Ges. Fetts. **6 g**
Natr. **500 mg**

1 mittelgroße Zwiebel, feingehackt
1 EL kaltgepreßtes Olivenöl
30 g gekochter Schinken, gehackt
300 g tiefgefrorener Spinat, aufgetaut, oder 500 g frischer Spinat, gewaschen, entstielt, 1 Minute in kochendem Wasser blanchiert und abgetropft
125 g Ricotta-Käse
75 g Hüttenkäse
6 EL frisch geriebener Parmesankäse
2 Eiweiß
1 Messerspitze geriebene Muskatnuß
60 g Mehl
15 g Butter

Das Öl in eine kleine Pfanne gießen und die gehackte Zwiebel bei mittelstarker Hitze in etwa 2 Minuten glasig dünsten. Den gehackten Schinken hinzufügen und alles noch 2 Minuten sautieren, dann den Pfanneninhalt in eine Rührschüssel geben. Den Spinat mit den Händen gut ausdrücken, feinhacken und zu der Zwiebel-Schinken-Mischung in die Schüssel geben.

Ricotta- und Hüttenkäse durch ein Sieb in die Schüssel streichen und 4 EL Parmesankäse, Eiweiß, Muskat und Mehl hinzufügen. Alles gut mischen und in einen Spritzbeutel mit einer einfachen Tülle von etwa 1 cm Durchmesser füllen. Dann den Backofen auf 200° C (Gasherd Stufe 3–4) vorheizen.

In einem großen Topf 4 l Wasser mit 2 TL Salz zum Kochen bringen. In der Zwischenzeit etwa 3 cm lange Gnocchi auf große Bögen Pergamentpapier spritzen, dabei jeweils etwa 20 Stück in die Mitte eines Bogens setzen. Das Pergamentpapier an den Rändern hochnehmen und mit den Gnocchi in das kochende Wasser tauchen – sie werden sich sofort vom Papier lösen. Das Pergamentpapier wegwerfen. Die Gnocchi etwa 2 Minuten garen, bis sie nach oben steigen und an der Wasseroberfläche bleiben. Dann mit einem Schaumlöffel in eine Auflaufform heben. Die restlichen Gnocchi auf die gleiche Weise vom Pergamentpapier in den Topf geben und garen.

Den restlichen Parmesankäse über die Gnocchi streuen und die Butter in Flöckchen daraufsetzen. Die Gnocchi für etwa 20 Minuten in den Backofen schieben, bis sie brutzeln – dann sofort servieren.

Curry-Tagliatelle mit Huhn und Avocado

Portionen: 6
Arbeitszeit: etwa 45 Minuten
Gesamtzeit: etwa 2 Stunden und 15 Minuten

Kal. **360**
Joule **1510**
Prot. **25 g**
Chol. **95 mg**
Fett insg. **14 g**
Ges. Fetts. **2 g**
Natr. **480 mg**

Nudelteig (nach Grundrezept S. 15), 1½ TL Curry ins Mehl gemischt
250 g fettarmer Joghurt
¾ TL Curry
¾ TL Salz
1 Knoblauchzehe, zerdrückt
5 EL frischer Zitronensaft
500 g Hühnerbrust ohne Haut und Knochen
½ Avocado, geschält und in 1 cm große Würfel geschnitten
350 g Möhren, geschält und in 1 cm dicke Scheiben geschnitten
Frisch gemahlener schwarzer Pfeffer
2 EL Sonnenblumenöl
2 EL feingehackte frische Petersilie (vorzugsweise glatte)

In einer großen, flachen Schüssel die Hälfte des Joghurts, ½ TL Curry, ¼ TL Salz, Knoblauch und 3 EL Zitronensaft mischen. Die Hühnerbruststücke nebeneinander in eine zweite Schüssel legen und die Joghurtmischung darüberziehen. Das Fleisch für mindestens 2 Stunden in den Kühlschrank stellen, dabei alle 30 Minuten wenden.

Die Avocadowürfel in eine kleine Schüssel geben. Den restlichen Zitronensaft darübergießen und die Würfel vorsichtig darin wenden. Beiseite stellen.

Den Nudelteig ausrollen und Tagliatelle daraus schneiden (Anleitung S. 12 und 13). Die Nudeln beiseite stellen.

Die Möhrenscheiben und den restlichen ½ TL Salz in einen Topf geben. Knapp mit Wasser bedecken und zum Kochen bringen. Auf schwache Hitze reduzieren, den Deckel auflegen und die Möhren etwa 15 bis 20 Minuten simmern lassen, bis sie weich sind. Die Möhren über ein Sieb abgießen, die Gemüsebrühe in einer Schüssel auffangen und 4 EL davon abnehmen; den Rest eventuell für eine Suppe aufbewahren.

Die Möhren mit den 4 EL Garflüssigkeit durch ein Passiersieb streichen oder in der Küchenmaschine pürieren. Den restlichen Joghurt und den verbliebenen ¼ TL Curry hinzufügen und alles noch einmal gut durchrühren. Die Mischung in einen kleinen Topf geben und bei niedriger Temperatur erhitzen – die Sauce darf aber nicht kochen, da der Joghurt sonst ausflockt.

In der Zwischenzeit die Marinade vom Hühnerfleisch abstreichen und weggießen. Das Fleisch pfeffern. Das Öl in einer schweren Pfanne bei mittelhoher Temperatur erhitzen. Die Bruststücke hineinlegen und auf jeder Seite etwa 4 bis 5 Minuten braten, bis sie durchgegart sind. Das Fleisch in Stücke schneiden und zugedeckt an einen warmen Platz stellen.

Die Tagliatelle in 3 l kochendes Wasser mit 1½ TL Salz geben. Nach 1 Minute die erste Garprobe machen – die Nudeln sollten gar, aber noch *al dente* sein.

Zum Anrichten den Boden einer vorgewärmten Servierplatte mit Möhrenpüree überziehen und die Tagliatelle darauf verteilen. Das restliche Püree ringförmig auf die Nudeln löffeln und das Hühnerfleisch in die Mitte legen. Avocadowürfel und Petersilie auf dem Fleisch verteilen und das Gericht sofort servieren.

2 *Getrocknete Teigwaren, eines der beliebtesten Grundnahrungsmittel, als Vorrat in einer farbenfrohen Küche, die an die Heimat der Pasta erinnert.*

Unendliche Formenvielfalt

Viele Fertignudeln sind italienischer Herkunft, und nicht umsonst haben die phantasievollen Namen der im Handel befindlichen Teigwaren einen fast opernhaften Klang – von den bekannten Spaghetti, Linguine und Lasagne bis hin zu den ausgefalleneren Radiatori, Bucatini und Fusilli. Mit den weit über hundert Sorten, die jeden Koch einfach begeistern müssen, und den unzähligen Saucen, welche dazu gereicht werden können, gehören getrocknete Fertignudeln zu den variationsreichsten und optisch ansprechendsten Nahrungsmitteln überhaupt.

Bei den Nudeln nun ist es ähnlich wie in der Architektur: Der Verwendungszweck bestimmt auch hier die Form. Ihre Vielfalt soll nicht nur Abwechslung bieten und das Auge erfreuen, sondern die Form hat oft einen guten Grund, und wer ihn kennt, beherrscht die Nudelküche um so besser. Betrachten wir einmal die Familie der langen, dünnen Nudeln. Neben den vertrauten Spaghetti, die jeder schon gegessen hat, gehören zu ihr auch Cappellini bzw. Capelli d'angeli (Engelshaar) und Vermicelli (Fadennudeln). Unter den vielen Bandnudel-Verwandten finden sich auch Linguine und Fettuccine.

Obwohl alle diese Nudeln eines gemeinsam haben – ihre schnurgerade Form – verlangen doch alle nach unterschiedlichen Saucen. Die feinen Capellini und Vermicelli wollen behutsam behandelt werden – hier eignet sich beispielsweise eine einfache Sauce aus frischen gehackten Tomaten, Kräutern und etwas erstklassiges Olivenöl. Die kräftigeren Linguine und Fettucine vertragen sich dagegen auch mit dicken, kräftig gewürzten Saucen.

Hohlnudeln verlangen nach einer Sauce, mit der sie innen und außen überzogen werden. Muscheln und ähnlich geformte Nudeln dagegen sind ideal, um Sauce und kleine Fleisch- oder Fischstückchen festzuhalten. Auch an gedrehten Nudeln bleiben köstliche Saucen gut hängen, doch ebenso gut nehmen sie – kalt als Salat serviert – eine leichte Vinaigrette auf.

Grenzen sind dem Thema Saucen nur durch die Phantasie des Kochs gesetzt. Allein in diesem Kapitel finden sich 53 verschiedene Saucen, die alle neu kreiert wurden – eine z. B. mit Stilton und Portwein, eine andere mit Mangold und Hummer oder mit Champignons, Joghurt und Mohn. Neben diesen eher ungewöhnlichen Kombinationen finden sich auch neue Varianten vertrauter Gerichte, wie beispielsweise Lasagne mit Gorgonzola und Eskariol. Der bekannte Basilikum-Pesto stand Pate für eine Sauce aus Raukenkohl, die ebenso aromatisch, aber grüner als ihr klassisches Vorbild ist. Bei einem anderen Rezept werden zwar die gleichen Zutaten wie für einen Pesto aus Basilikum, Knoblauch und Pinienkernen verwendet, doch anstatt sie zu einer dicken Paste zu verarbeiten, gibt man sie direkt zu den Nudeln. In diesem Kapitel finden sich sogar einige Gerichte, bei denen die Nudeln in der Sauce gegart werden. Während der Stärkeanteil der Nudeln die Sauce sämig macht, verleiht die Sauce ihrerseits den Nudeln Aroma. Gibt es eine einfachere und effektivere Methode?

Italienische Nudelformen

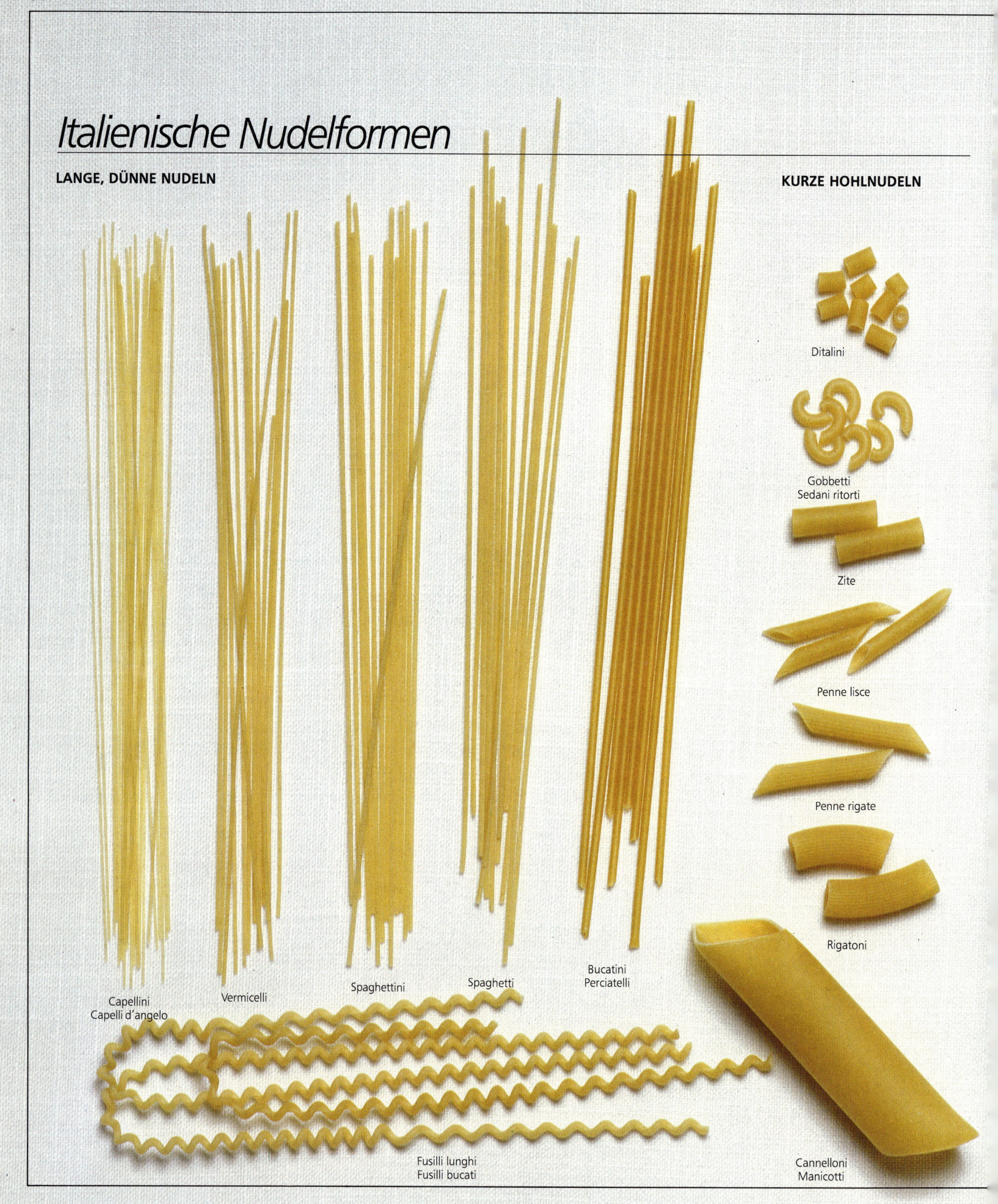

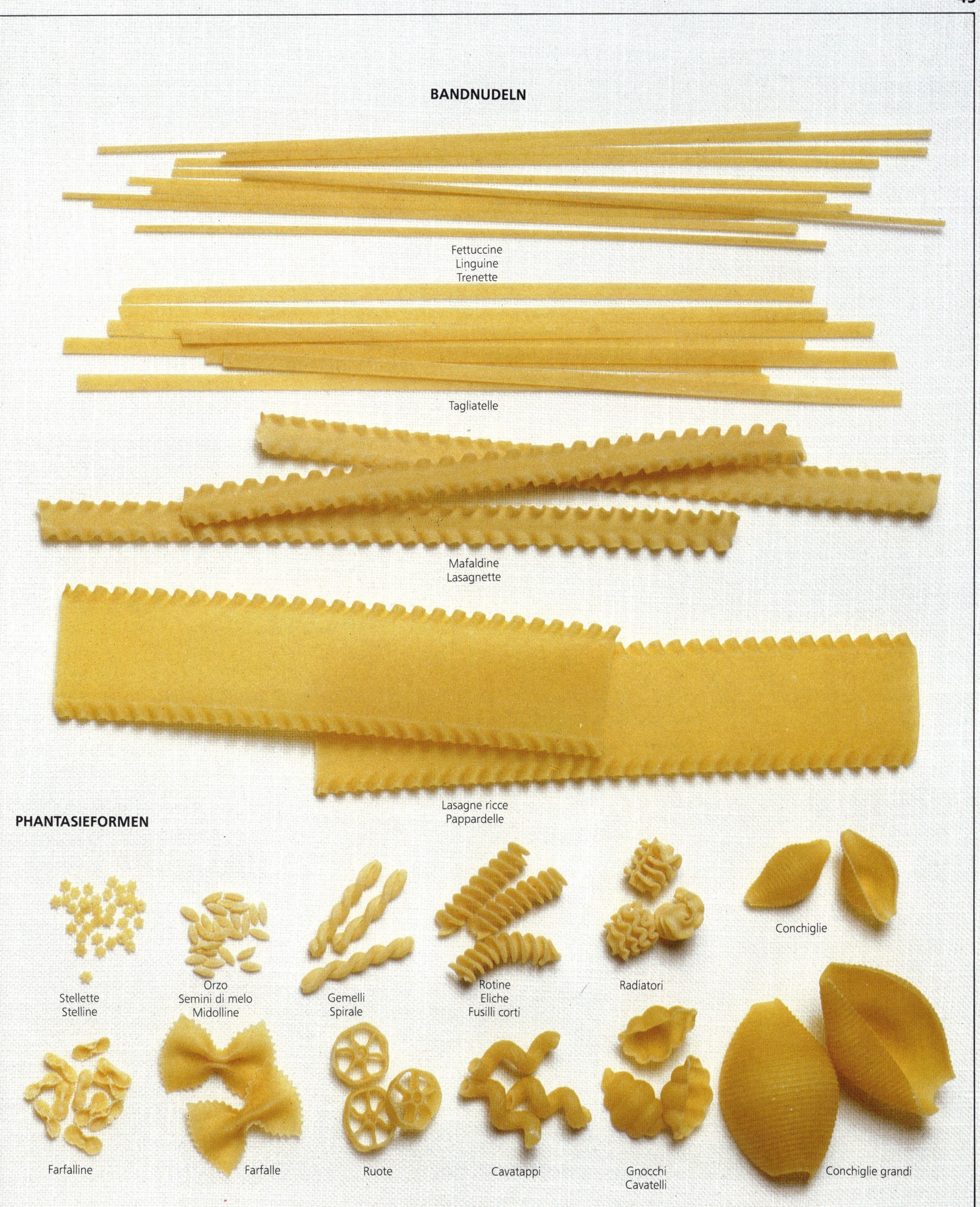
BANDNUDELN
Fettuccine
Linguine
Trenette
Tagliatelle
Mafaldine
Lasagnette
Lasagne ricce
Pappardelle
PHANTASIEFORMEN
Stellette
Stelline
Orzo
Semini di melo
Midolline
Gemelli
Spirale
Rotine
Eliche
Fusilli corti
Radiatori
Conchiglie
Farfalline
Farfalle
Ruote
Cavatappi
Gnocchi
Cavatelli
Conchiglie grandi

Fettuccine mit dicken Bohnen und Senf

Portionen: 4
Arbeits- und Gesamtzeit: etwa 20 Minuten

Kal. **345**
Joule **1450**
Prot. **12 g**
Chol. **15 mg**
Fett insg. **8 g**
Ges. Fetts. **4 g**
Natr. **325 mg**

250 g Fettuccine
250 g reife Eiertomaten
18 cl ungesalzene Hühnerbrühe
165 g tiefgefrorene kleine dicke Bohnen
¼ TL Salz
2 Frühlingszwiebeln, geputzt und in dünne Scheiben geschnitten
1½ EL körniger Senf
30 g Butter

Eine Tomate mit dem Stielansatz nach unten auf ein Brett setzen. Das Fruchtfleisch mit einem kleinen, scharfen Messer in ½ cm breite Streifen schneiden. Samen wegwerfen, Saft für einen anderen Verwendungszweck aufheben. Die beiden anderen Tomaten auf die gleiche Weise schneiden und die Streifen beiseite stellen.

Die Hühnerbrühe in eine große, schwere Pfanne gießen und bei mittlerer Hitze zum Simmern bringen. Bohnenkerne und Salz hinzufügen und 6 Minuten garen. Frühlingszwiebelscheiben sowie Senf unterrühren und alles noch einmal 1 Minute simmern lassen. Butter und Tomatenscheiben dazugeben, dann die Mischung weitere 2 Minuten simmern lassen, dabei einmal umrühren.

In der Zwischenzeit die Fettuccine in 3 l kochendes Wasser mit 1½ TL Salz geben. Nach 10 Minuten die erste Garprobe machen – die Nudeln kochen, bis sie gar, aber noch bißfest sind. Die Fettuccine abgießen, abtropfen lassen, unter die dicken Bohnen in der Pfanne mischen und das Gericht sofort servieren.

ANMERKUNG: *Sind Eiertomaten nicht erhältlich, kann statt dessen auch eine andere Tomatensorte verwendet werden.*

Penne rigate mit Champignons und Estragon

Portionen: 4
Arbeits- und Gesamtzeit: etwa 45 Minuten

Kal. **385**
Joule **1615**
Prot. **11 g**
Chol. **0 mg**
Fett insg. **8 g**
Ges. Fetts. **1 g**
Natr. **385 mg**

250 g Penne rigate (oder andere kurze gerillte Hohlnudeln)
15 g getrocknete Steinpilze
2 EL kaltgepreßtes Olivenöl
1 kleine Zwiebel, feingehackt
250 g kleine Champignons, in etwa ½ cm große Würfel geschnitten
½ TL Salz
Frisch gemahlener schwarzer Pfeffer
3 Knoblauchzehen, feingehackt
¼ l trockener Weißwein
750 g Tomaten, abgezogen, entkernt und gehackt
6 EL gehackte frische Petersilie
2 EL gehackter frischer Estragon

Die getrockneten Steinpilze mit ¼ l heißem Wasser übergießen und etwa 20 Minuten quellen lassen, bis sie weich sind. Dann das Weichwasser abgießen und beiseite stellen. Die abgetropften und leicht ausgedrückten Steinpilze in ½ cm große Stücke schneiden.

Das Öl in einer großen, schweren Pfanne bei mittlerer Temperatur erhitzen. Die gehackten Zwiebeln dazugeben und in etwa 4 Minuten glasig dünsten. Steinpilzstücke und Champignonwürfel sowie Salz und Pfeffer hinzufügen. Alles etwa 5 Minuten braten, bis die Champignons braun werden. Knoblauch und Wein dazugeben und die Mischung noch einmal etwa 5 Minuten kochen, bis die Flüssigkeit auf ungefähr 2 EL reduziert ist.

Die Penne in 3 l kochendes Wasser mit 1½ TL Salz geben. Nach 10 Minuten die erste Garprobe machen – die Nudeln sollten *al dente* sein, also gar, aber noch bißfest.

Während die Penne kochen, das beiseite gestellte Pilzwasser in die Pfanne zu den Steinpilzen gießen und die Flüssigkeit in etwa 5 Minuten auf ungefähr 4 EL einkochen. Die gehackten Tomaten unterrühren und die Mischung noch einmal etwa 3 Minuten erhitzen. Die Nudeln abgießen, abtropfen lassen und zusammen mit der gehackten Petersilie und dem Estragon in die Pfanne geben. Alles gut mischen und servieren.

Bucatini mit Möhren und Zucchini

Portionen: 6 (als Vorspeise)
Arbeitszeit: etwa 20 Minuten
Gesamtzeit: etwa 30 Minuten

Kal. **210**
Joule **882**
Prot. **6 g**
Chol. **2 mg**
Fett insg. **5 g**
Ges. Fetts. **1 g**
Natr. **70 mg**

250 g Bucatini
2 Möhren
3 mittelgroße Zucchini, gewaschen und die Enden abgeschnitten
2 EL kaltgepreßtes Olivenöl
6 große Knoblauchzehen, abgezogen und in jeweils 4 oder 5 Stücke geschnitten
2 Sardellenfilets, abgespült und feingehackt
90 g rote Zwiebeln, in dünne Scheiben geschnitten
Frisch gemahlener schwarzer Pfeffer

Zunächst aus Möhren und Zucchini „Schlangen" schneiden: Dazu mit einem scharfen Gemüseschäler fest auf eine Möhre drücken und der Länge nach einen breiten Streifen herunterschälen. So fortfahren, bis das holzige Herz sichtbar wird. Dann die Möhre umdrehen und auch von der anderen Seite Streifen abschälen. Die andere Möhre ebenso kleinschneiden. Alle Streifen danach längs in ½ cm breite „Schlangen" schneiden. Das grüne Fruchtfleisch der Zucchini mit einem kleinen scharfen Messer in lange Streifen von etwa 2 cm Breite und ½ cm Dicke schneiden. Das im Inneren sitzende Mark mit dem Samen wegwerfen. Die Streifen wiederum längs in ¼ cm breite „Schlangen" schneiden.

Für die Nudeln 3 l Wasser mit 1½ TL Salz zum Kochen bringen. Das Öl in einer großen, schweren Pfanne bei niedriger Temperatur erhitzen. Die Knoblauchstücke hinzufügen und unter gelegentlichem Rühren 10 bis 15 Minuten anbraten, bis sie rundum goldbraun sind.

Etwa 5 Minuten nachdem der Knoblauch in die Pfanne gegeben wurde, die Nudeln in das kochende Wasser schütten. Nach 12 Minuten die erste Garprobe machen – die Nudeln sollten *al dente* sein.

Wenn die Knoblauchstücke goldbraun sind, die gehackten Sardellenfilets, die Zwiebelscheiben sowie die Möhren- und Zucchinistreifen in die Pfanne geben. Den Deckel auflegen und alles 3 Minuten dünsten. Den Deckel abnehmen und die Mischung unter häufigem Rühren noch 3 Minuten weitergaren.

Die Nudeln abgießen, abtropfen lassen und sofort in die Pfanne geben. Mit etwas Pfeffer würzen, alles gut mischen und das Gericht sofort servieren.

Tagliatelle mit Artischocken und Tomaten

Portionen: 4
Arbeitszeit: etwa 25 Minuten
Gesamtzeit: etwa 50 Minuten

Kal. **290**
Joule **1220**
Prot. **12 g**
Chol. **5 mg**
Fett insg. **3 g**
Ges. Fetts. **1 g**
Natr. **345 mg**

250 g Tagliatelle (oder andere schmale Bandnudeln)
750 g reife Tomaten, abgezogen und gehackt, Samen und Saft aufbewahrt, oder 800 g ganze Tomaten aus der Dose, abgetropft und gehackt
1 Zwiebel, gehackt
1 Möhre, geschält, längs in Viertel und dann in ½ cm große Stücke geschnitten
1 TL frischer oder ¼ TL getrockneter Thymian
1 TL gehackter frischer oder ¼ TL getrockneter Rosmarin
¼ TL Salz
Frisch gemahlener schwarzer Pfeffer
3 frische Artischockenböden, mit dem Saft einer Zitrone eingerieben
1 EL Rotwein- oder Apfelessig
4 EL frisch geriebener Romano- oder Parmesankäse

Tomaten-, Zwiebel- und Möhrenstücke, gegebenenfalls frischen Thymian und Rosmarin sowie Salz und Pfeffer in einen Topf geben und bei mittelhoher Temperatur zum Kochen bringen. Auf schwache Hitze reduzieren und die Mischung 5 Minunten simmern lassen.

Die Artischockenböden in 3 mm breite Streifen schneiden und dazugeben. Bei der Verwendung von getrockneten Kräutern werden diese erst jetzt hinzugefügt. Den Essig dazugießen und die Mischung unbedeckt 15 Minuten simmern lassen. Sofern frische Tomaten verwendet werden, die beiseite gestellten Tomatensamen und den -saft hinzufügen und alles noch einmal etwa 15 Minuten garen, bis die Flüssigkeit fast ganz eingekocht ist und die Artischockenböden weich, aber nicht musig sind.

Etwa 15 Minuten bevor das Gemüse fertig ist, die Tagliatelle in 3 l kochendes Wasser mit 1½ TL Salz geben. Nach 10 Minuten die erste Garprobe machen – die Nudeln kochen, bis sie gar, aber noch bißfest sind. Die Tagliatelle abtropfen lassen und sofort zu der Sauce geben. Den Käse darüberstreuen, alles vorsichtig mischen und auf vorgewärmten Tellern servieren.

Süßsaure Weißkohl-Cannelloni

Portionen: 6
Arbeitszeit: etwa 45 Minuten
Gesamtzeit: etwa 1 Stunde und 30 Minuten

Kal. **295**
Joule **1240**
Prot. **9 g**
Chol. **10 mg**
Fett insg. **6 g**
Ges. Fetts. **3 g**
Natr. **190 mg**

12 Cannelloni (etwa 250 g)
30 g Butter
1 kleine Zwiebel, feingehackt
500 g Weißkohl, feingehobelt
1 Möhre, geschält und geraspelt
1 Apfel, geschält, entkernt und geraspelt
¼ TL Salz
7 oder 8 reife Tomaten (etwa 1250 g), in Viertel geschnitten
1 EL dunkler brauner Zucker
2 EL Weißweinessig
4 EL Rosinen
¼ l ungesalzene Hühnerbrühe

Für die Zubereitung der Kohlfüllung die Butter in einer großen, schweren Pfanne bei mittlerer Hitze zerlassen. Die gehackte Zwiebel dazugeben und in etwa 4 Minuten glasig dünsten. Die Pfanne etwa ½ cm hoch mit Wasser anfüllen. Kohlstreifen, geraspelte Möhre und Apfel sowie ⅛ TL Salz unterrühren. Den Deckel auflegen und alles in etwa 30 Minuten weich dünsten; gegebenenfalls noch etwas Wasser hinzufügen. Die Pfanne beiseite stellen.

In der Zwischenzeit in einem Topf 4 EL Wasser bei mittelhoher Temperatur erhitzen. Die Tomatenviertel hineingeben und unter häufigem Rühren etwa 20 Minuten kochen, bis sie sehr weich sind. Die Tomaten anschließend in ein Sieb geben. Die gesamte klare Flüssigkeit abtropfen lassen und eventuell für einen anderen Verwendungszweck aufbewahren. Das Fruchtfleisch durch das Sieb in eine Schüssel streichen. Das Tomatenpüree mit dem braunen Zucker, Essig, Rosinen und dem restlichen ⅛ TL Salz verrühren.

Die Cannelloni in 4 l kochendes Wasser mit 2 TL Salz geben. Nach 15 Minuten die erste Garprobe machen – die Nudeln sollten *al dente* sein. Dann mit einem Schaumlöffel in eine große Schüssel mit kaltem Wasser heben.

Den Backofen auf 200° C (Gasherd Stufe 3–4) vorheizen. Die Cannelloni aus dem Wasser nehmen, gut abtropfen lassen und vorsichtig mit der Kohlmischung füllen. Die gefüllten Nudeln nebeneinander in eine große Auflaufform legen und die Hühnerbrühe darübergießen. Die

Form fest mit Alufolie abdecken und für 30 Minuten in den Backofen schieben.

Die Tomatensauce 10 Minuten vor dem Servieren aus der Schüssel in einen Topf gießen und zum Kochen bringen. Auf niedrige Temperatur herunterschalten und die Sauce leise weitersimmern lassen, während die Cannelloni fertiggaren. Die Cannelloni sofort servieren, die Sauce getrennt dazu reichen.

ANMERKUNG: *Da Cannelloni beim Garen oder Füllen mitunter reißen, einige zusätzliche Nudeln in das kochende Wasser geben. Die Cannelloni können auch im voraus gefüllt und für 24 Stunden in den Kühlschrank gestellt werden, bevor man sie mit Brühe übergießt und im Backofen fertiggart.*

Penne mit Kalmar und Tomaten-Fenchel-Sauce

Portionen: 4
Arbeitszeit: etwa 35 Minuten
Gesamtzeit: etwa 1 Stunde

Kal. **360**
Joule **1510**
Prot. **20 g**
Chol. **120 mg**
Fett insg. **5 g**
Ges. Fetts. **1 g**
Natr. **315 mg**

250 g Penne (oder andere kurze Hohlnudeln)
350 g Kalmar
1 EL Sonnenblumenöl
4 EL Anislikör oder 1 TL Fenchelsamen
750 g Tomaten, abgezogen, entkernt und gehackt, oder 400 g Tomaten aus der Dose, abgetropft und gehackt
1 Fenchelknolle, die Stengel entfernt, die Knolle geraspelt
6 Frühlingszwiebeln, geputzt und feingehackt
¼ TL Salz
Frisch gemahlener schwarzer Pfeffer

Zum Säubern den Kalmar in kaltem Wasser abspülen. Den Rand des Mantels zurückziehen, bis das locker im Fleisch sitzende, federkielähnliche Kalkblatt freiliegt. Das Kalkblatt herausziehen und wegwerfen. Mit einer Hand den Mantel, mit der anderen den Kopf des Kalmars knapp unterhalb der Augen festhalten und beide Teile voneinander trennen. Die Eingeweide mitsamt dem Tintenbeutel bleiben am Kopf hängen. Einen Finger unter die lilagefleckte Haut des Mantels schieben und sie behutsam abstreifen. Die dreieckigen, zu beiden Seiten des Mantels sitzenden Flossen abziehen. Den Mantel waschen und in dünne Ringe schneiden, die Flossen ebenfalls waschen, enthäuten und in feine Streifen schneiden.

Das Öl in einer großen, schweren Pfanne bei mittelhoher Temperatur erhitzen. Das Kalmarfleisch 1 bis 2 Minuten darin anbraten. Gegebenenfalls den Anislikör dazugießen und alles noch einmal 30 Sekunden aufkochen lassen. Das Kalmarfleisch mit einem Schaumlöffel auf eine Platte heben. Tomatenstücke, geraspelten Fenchel, Fenchelsamen (sofern verwendet) und gehackte Frühlingszwiebeln in die Pfanne geben. Auf niedrige Temperatur herunterschalten und die Mischung unter gelegentlichem Rühren in 20 bis 25 Minuten weich kochen. Wenn der Fenchel ungefähr 10 Minuten simmert, die Penne in 3 l kochendes Wasser mit 1½ TL Salz schütten. Nach 10 Minuten die erste Garprobe machen – die Nudeln sollten *al dente* sein.

Kurz bevor die Nudeln fertig sind, die Kalmarstücke wieder in die Sauce geben und 2 bis 3 Minuten lang vorsichtig erhitzen. Die Sauce salzen und pfeffern. Die Penne abgießen, abtropfen lassen, zusammen mit der Sauce in eine vorgewärmte Schüssel geben und alles mischen. Das Gericht sofort servieren.

Spaghetti mit frischem Basilikum, Pinienkernen und Käse

Portionen: 4
Arbeits- und Gesamtzeit: etwa 15 Minuten

Kal. **360**
Joule **1510**
Prot. **14 g**
Chol. **15 mg**
Fett insg. **13 g**
Ges. Fetts. **3 g**
Natr. **415 mg**

250 g Spaghetti
1 EL kaltgepreßtes Olivenöl
1 Knoblauchzehe, zerdrückt
60 g Basilikumblätter, in feine Streifen geschnitten, sowie mehrere ganze Blätter zum Garnieren
1/8 l ungesalzene Hühnerbrühe
30 g Pinienkerne, in einer kleinen Pfanne bei mittlerer Hitze ohne Fett geröstet
60 g Pecorino-Käse, frisch geriebenen
1/4 TL Salz
Frisch gemahlener schwarzer Pfeffer

Für die Zubereitung der Sauce zunächst das Öl bei mittlerer Hitze in eine Pfanne gießen. Wenn das Öl heiß ist, den Knoblauch hinzufügen und unter Rühren etwa 30 Sekunden anbraten. Auf niedrige Temperatur herunterschalten. Die in Streifen geschnittenen Basilikumblätter hineinrühren und etwa 30 Sekunden andünsten, bis sie zusammengefallen sind. Die Brühe dazugießen und simmern lassen, während die Nudeln gegart werden.

Die Spaghetti in 3 l kochendes Wasser mit 1½ TL Salz geben. Nach 10 Minuten die erste Garprobe machen – die Nudeln sollten gar, aber noch *al dente* sein.

Die Spaghetti abgießen und abtropfen lassen und gut mit dem Basilikum in der Pfanne mischen. Pinienkerne, Käse, Salz und etwas Pfeffer darunterheben und mit den Basilikumblättern garnieren.

Gorgonzola-Lasagne

Portionen: 8
Arbeitszeit: etwa 45 Minuten
Gesamtzeit: etwa 1 Stunde und 30 Minuten

Kal. **205**
Joule **860**
Prot. **9 g**
Chol. **15 mg**
Fett insg. **8 g**
Ges. Fetts. **3 g**
Natr. **245 mg**

250 g Lasagne
4 rote Paprikaschoten
2 rote Zwiebeln, in gut 1 cm dicke Scheiben geschnitten
2 EL frischer Zitronensaft
3 TL frischer oder ¾ TL getrockneter Thymian
2 EL kaltgepreßtes Olivenöl
500 g Eskariol, gewaschen, geputzt und quer in etwa 2 cm breite Streifen geschnitten
½ TL Salz
Frisch gemahlener schwarzer Pfeffer
4 EL frisch geriebener Parmesankäse
125 g Gorgonzola-Käse, in kleine Stücke zerbröckelt

Den Grill vorheizen. Die Paprikaschoten in die Mitte eines Backblechs setzen und die Zwiebelscheiben um sie herum verteilen. Das Gemüse 10 bis 15 Minuten grillen, bis sich die Haut der Paprikaschoten gelöst hat und die Zwiebelscheiben leicht gebräunt sind. (Die Paprikaschoten müssen während dieser Zeit mehrmals, die Zwiebeln einmal gewendet werden.) Die Paprika in eine Schüssel legen, mit Klarsichtfolie abdecken und beiseite stellen. Die Zwiebeln in Ringe teilen und ebenfalls beiseite stellen.

Die Lasagne in 3 l ungesalzenem kochendem Wasser und dem Zitronensaft etwa 7 Minuten garen – sie sollten nicht ganz gar sein. Die Nudeln abgießen, abtropfen lassen und mit kaltem Wasser abschrecken.

Die Haut von den abgekühlten Paprikaschoten über einer Schüssel abziehen, um den Saft aufzufangen. Bei allen Schoten die Stiele, Samen und Rippen entfernen. Eine Paprika beiseite stellen, die übrigen drei längs in 2 cm breite Streifen schneiden. Den Saft durch ein Sieb gießen und aufbewahren.

Die beiseite gestellte ganze Paprikaschote in Viertel schneiden. Die Stücke zusammen mit dem Paprikasaft und 2 EL frischem beziehungsweise ½ TL getrocknetem Thymian in der Küchenmaschine oder dem Mixer pürieren. Den Backofen in der Zwischenzeit auf 180° C (Gasherd Stufe 2–3) vorheizen.

Das Öl in einer großen, schweren Pfanne bei mittelhoher Temperatur erhitzen. Eskariolstreifen, ¼ TL Salz, den restlichen Teelöffel frischen oder ¼ TL getrockneten Thy- ▶

mian sowie reichlich schwarzen Pfeffer hinzufügen. Den Eskariol etwa 5 Minuten sautieren, bis er zusammengefallen und fast die gesamte Flüssigkeit eingekocht ist. Die Pfanne von der Kochstelle nehmen.

Den Boden einer Auflaufform mit einer Schicht Lasagne-Nudeln auslegen. Die Nudeln mit der Hälfte des Eskariols bedecken und 1 EL Parmesankäse darüberstreuen. Die Hälfte der Paprikastreifen darauflegen und darauf die Hälfte der Zwiebelringe verteilen. Darüber eine zweite Schicht Lasagne-Nudeln, Eskariolstreifen, Parmesankäse, Paprikastreifen und Zwiebelringe sowie die Hälfte der pürierten Paprikaschoten geben. Alles mit Lasagne-Nudeln abdecken und mit dem restlichen Püree bestreichen. Den zerbröckelten Gorgonzola-Käse gleichmäßig darauf verteilen und die zuletzt noch restlichen 2 EL Parmesankäse darüberstreuen.

Die Lasagne für 30 Minuten in den Backofen schieben. Das Gericht anschließend noch 10 Minuten stehenlassen, damit die Aromen der Zutaten verschmelzen können.

Nudelsalat mit Hummer und Zuckerschoten

Portionen: 4
Arbeitszeit: etwa 40 Minuten
Gesamtzeit: etwa 1 Stunde

Kal. **375**
Joule **1575**
Prot. **17 g**
Chol. **40 mg**
Fett insg. **12 g**
Ges. Fetts. **1 g**
Natr. **270 mg**

250 g Rotine (oder andere phantasievoll geformte Nudeln)
4 EL in sehr dünne Scheiben geschnittene Schalotten
1 EL Rotweinessig
3 EL kaltgepreßtes Olivenöl
2 Knoblauchzehen, leicht zerdrückt
¼ TL Salz
Frisch gemahlener schwarzer Pfeffer
1 lebender Hummer (etwa 750 g)
2 EL frisch gepreßter Zitronensaft
250 g Zuckerschoten, geputzt und schräg halbiert
1 EL gehacktes frisches Basilikum oder glatte Petersilie

Einen großen Topf etwa 3 cm mit Wasser anfüllen. Das Wasser zum Kochen bringen und den Hummer hineinsetzen. Den Deckel fest auflegen und den Hummer etwa 12 Minuten dämpfen, bis er sich hell-orangerot gefärbt hat.

In der Zwischenzeit die Hälfte der Schalottenscheiben mit dem Essig in eine Schüssel geben und 5 Minuten stehenlassen. 2 EL Öl unterschlagen, dann Knoblauch, ⅛ TL Salz und etwas Pfeffer hineinrühren. Die fertige Vinaigrette beiseite stellen.

Den Hummer aus dem Topf nehmen und auf eine Platte legen, um den Saft aufzufangen. Dann 2 l Wasser zusammen mit 1 EL Zitronensaft in den Topf gießen und die Flüssigkeit zum Kochen bringen.

Wenn der Hummer abgekühlt ist, Schwanz und Scheren durch Drehen vom Körper abtrennen. Die Schalen aufknacken und das Fleisch aus Schwanz und Scheren herauslösen. Schalen und Körper in die siedende Flüssigkeit geben und 10 Minuten kochen. Das Fleisch in gut 1 cm große Stücke schneiden und beiseite stellen.

Die Schalen mit einem Schaumlöffel aus dem kochenden Sud heben und die Pasta hineingeben. Nach etwa 13 Minuten die erste Garprobe machen – die Nudeln kochen, bis sie gar, aber noch *al dente* sind.

Während die Nudeln kochen, den restlichen Eßlöffel Öl bei mittelhoher Temperatur in eine große, schwere Pfanne gießen. Die halbierten Zuckerschoten, die verbliebenen Schalottenscheiben und den Rest Salz hinzufügen. Etwa 1½ Minuten unter Rühren sautieren, bis die Zuckerschoten hellgrün werden. Den Pfanneninhalt mit dem Hummerfleisch in eine Schüssel geben.

Die fertigen Nudeln abgießen, abtropfen lassen und unter kaltem Wasser abschrecken. Den Knoblauch aus der Vinaigrette nehmen und wegwerfen, dann die Vinaigrette unter die Nudeln mischen. Die Hummerfleischmischung, Basilikum oder Petersilie, den restlichen Zitronensaft sowie etwas Pfeffer dazugeben und alles vermengen.

ANMERKUNG: *Obwohl der Nudelsalat auch sofort serviert werden kann, verbinden sich die Aromen der Zutaten besser, wenn man ihn noch 30 Minuten stehenläßt. Der Salat kann übrigens auch gekühlt serviert werden.*

Wachtelbohnen mit Ruote

WACHTELBOHNEN ENTHALTEN TOXINE – SOGENANNTE LEKTINE. UM SIE ZU ZERSTÖREN, MÜSSEN DIE BOHNEN 10 MINUTEN GEKOCHT WERDEN, BEVOR MAN SIE ZU EINEM GERICHT GIBT.

Portionen: 4
Arbeitszeit: etwa 25 Minuten
Gesamtzeit: etwa 9 Stunden und 30 Minuten

Kal. **575**
Joule **2415**
Prot. **32 g**
Chol. **35 mg**
Fett insg. **13 g**
Ges. Fetts. **3 g**
Natr. **470 mg**

250 g Ruote (oder andere phantasievoll geformte bzw. kurze Hohlnudeln)
190 g Wachtel- oder rote Kidneybohnen, 8 Stunden in ¾ l Wasser eingeweicht und abgetropft
2 EL Sonnenblumenöl
175 g Rindfleisch aus der Hüfte (ohne Knochen), in gut 1 cm große Würfel geschnitten
1 kleine Zwiebel, feingehackt
1 grüne Paprikaschote, entkernt und Rippen entfernt, in gut 1 cm große Quadrate geschnitten
1 Knoblauchzehe, sehr fein gehackt
1250 g reife Tomaten, abgezogen, entkernt und gehackt, oder 800 g ganze Tomaten aus der Dose, abgetropft und gehackt
5 Tropfen Tabascosauce
1 EL grobgehackte frische Korianderblätter
Frisch gemahlener schwarzer Pfeffer
½ TL Salz
4 EL geriebener Cheddar-Käse

Die eingeweichten Bohnen 10 Minuten in ¾ l kochendem Wasser garen. Dann abgießen, in einem Sieb abtropfen lassen und beiseite stellen.

Während die Bohnen garen, das Sonnenblumenöl in einer großen, schweren Pfanne bei mittelhoher Temperatur erhitzen. Die Fleischwürfel unter häufigem Rühren 3 Minuten darin anbraten. Das Fleisch mit einem Schaumlöffel aus der Pfanne nehmen und beiseite stellen.

Zwiebel- und Paprikastücke im Öl der Pfanne etwa 3 Minuten sautieren, bis die Zwiebeln glasig sind. Den Knoblauch hinzufügen und alles noch einmal ½ Minute sautieren. Dann die Fleischwürfel wieder in die Pfanne geben. Die gehackten Tomaten, die Bohnen und ¼ l warmes Wasser unterrühren und die Mischung zum Simmern bringen. Den Deckel auflegen und auf schwache Hitze reduzieren. Die Mischung etwa 1 Stunde und 10 Minuten simmern lassen, bis die Bohnen weich sind.

Etwa 10 Minuten bevor die Bohnen fertig sind, die Pasta in 3 l kochendes Wasser mit 1½ TL Salz schütten.

Nach 8 Minuten die erste Garprobe machen – die Nudeln kochen, bis sie gar, aber noch bißfest sind.

Die Nudeln abtropfen lassen und zu der Bohnenmischung in die Pfanne geben. Tabascosauce, gehackte Korianderblätter, frisch gemahlenen schwarzen Pfeffer und Salz unterrühren. Alles noch einmal 3 Minuten simmern lassen, dann den Pfanneninhalt in eine vorgewärmte Servierschüssel füllen. Den Käse darüberstreuen und das Gericht sofort servieren.

ANMERKUNG: *Um Zeit zu sparen, kann man die Bohnen – statt sie 8 Stunden einzuweichen – 2 Minuten in ¾ l Wasser kochen. Dann den Topf von der Kochstelle nehmen, zugedeckt 1 Stunde stehenlassen und abgießen. Die Bohnen 10 Minuten in frischem Wasser garen und in die Pfanne geben.*

Gnocchi mit pikanter Möhrensauce

Portionen: 6 (als Vorspeise oder Beilage)
Arbeitszeit: etwa 15 Minuten
Gesamtzeit: etwa 1 Stunde

Kal. **185**
Joule **777**
Prot. **7 g**
Chol. **40 mg**
Fett insg. **4 g**
Ges. Fetts. **2 g**
Natr. **200 mg**

250 g Gnocchi (oder ähnlich geformte Nudeln)
250 g Möhren, geschält und feingehackt
1 Stange Bleichsellerie, feingehackt
4 Knoblauchzehen, feingehackt
¼ TL zerstoßene getrocknete Chillies
1 EL frischer oder 1 TL getrockneter Thymian
½ l ungesalzene Hühner- oder Gemüsebrühe
4 EL Rotweinessig
15 g Butter
¼ TL Salz
Frisch gemahlener schwarzer Pfeffer

Möhren-, Bleichsellerie- und Knoblauchstückchen, Pfeffer und Thymian in eine große Pfanne geben und mit Wasser bedecken. Zum Kochen bringen, den Deckel auflegen und auf mittlere Temperatur herunterschalten. Das Gemüse in etwa 20 Minuten weichgaren.

Nun ¼ l Brühe zu dieser Mischung gießen und alles etwa 10 Minuten kochen, bis die Flüssigkeit auf ungefähr 4 EL reduziert ist. Die restliche Brühe und den Essig dazugeben und alles noch einmal 10 Minuten kochen, bis etwa 4 EL Flüssigkeit übrig sind.

Inzwischen die Gnocchi in 3 l kochendes Wasser mit 1½ TL Salz schütten. Nach 5 Minuten die Garprobe machen; die fertigen Nudeln sollten noch Biß haben.

Butter, Salz und Pfeffer in die Sauce rühren. Die Nudeln abgießen, abtropfen lassen und auf einem vorgewärmten Servierteller mit der Sauce vermischen.

Kalte Rotine mit Rauken-Pesto

Portionen: 4
Arbeitszeit: etwa 25 Minuten
Gesamtzeit: etwa 2 Stunden

Kal. **535**
Joule **2245**
Prot. **17 g**
Chol. **10 mg**
Fett insg. **22 g**
Ges. Fetts. **4 g**
Natr. **395 mg**

350 g Rotine (oder eine ähnliche spiralförmige Pasta)
125 g Raukenkohl, gewaschen, geputzt und entstielt
1 kleine Knoblauchzehe, grobgehackt
30 g Pinienkerne
3 EL kaltgepreßtes Olivenöl
1 EL Sonnenblumenöl
60 g Parmesankäse, frisch gerieben
¼ TL Salz
Frisch gemahlener schwarzer Pfeffer
1 rote Paprikaschote, entkernt und die Rippen entfernt, in kleine Würfel geschnitten
2 EL Balsamessig oder 1 EL Rotweinessig

Die Rotine in 4 l kochendes Wasser mit 2 TL Salz geben. Nach 8 Minuten die erste Garprobe machen – die Nudeln kochen, bis sie gar, aber noch *al dente* sind.

In der Zwischenzeit die Pesto-Sauce zubereiten: Raukenkohl, Knoblauch, Pinienkerne, Oliven- und Sonnenblumenöl in den Mixer oder die Küchenmaschine geben. Das Gerät 2 Minuten anschalten, zwischendurch jedoch zwei- oder dreimal die Gefäßwand abstreifen. Den Parmesankäse und ¼ TL Salz hinzufügen. Das Gerät noch einmal kurz anstellen und alles gut mischen.

Die Nudeln abgießen, abtropfen lassen, in eine große Schüssel umfüllen und mit etwas schwarzem Pfeffer würzen. Paprikawürfel, Essig und Pesto-Sauce dazugeben und alles vermengen. Den Nudelsalat vor dem Servieren für 1 bis 2 Stunden in den Kühlschrank stellen.

Zite mit italienischer Wurst und rotem Paprika

Portionen: 4
Arbeitszeit: etwa 30 Minuten
Gesamtzeit: etwa 40 Minuten

Kal. **300**
Joule **1260**
Prot. **11 g**
Chol. **10 mg**
Fett insg. **7 g**
Ges. Fetts. **2 g**
Natr. **330 mg**

250 g Zite oder andere Hohlnudeln
3 rote Paprikaschoten
125 g würzige italienische Schweinswürstchen (salsicce)
2 Knoblauchzehen, feingehackt
2 TL frischer oder ½ TL getrockneter Thymian
1 große Tomate, abgezogen, entkernt und püriert
1 EL Rotweinessig
1 Prise Salz

Den Grill vorheizen. Die Paprikaschoten etwa 5 cm unter der Grillvorrichtung 15 bis 18 Minuten rösten, bis sie rundum braun sind und die Haut Blasen wirft, zwischendurch gelegentlich drehen. Die Schoten in eine Schüssel legen und mit Klarsichtfolie abdecken. Durch den eingeschlossenen Dampf löst sich ihre Haut.

Das Wurstfleisch aus dem Darm drücken und in kleine Stücke zerbröseln. Die Stücke etwa 3 Minuten bei mittelhoher Temperatur braten, bis sie goldbraun sind. Die Pfanne von der Kochstelle nehmen und Knoblauch und Thymian hineinrühren.

Die Zite in 3 l kochendes Wasser mit 1½ TL Salz geben. Nach 10 Minuten die erste Garprobe machen – die Nudeln sollten gar, aber noch *al dente* sein.

Während die Zite kochen, die Paprikaschoten abziehen und dabei über eine Schüssel halten, um den Saft aufzufangen. Stiele, Samen und Rippen entfernen und wegwerfen. Den Saft durch ein Sieb gießen und beiseite stellen. Die Schoten längs in dünne Streifen schneiden.

Die Pfanne mit der Wurstmischung bei mittlerer Hitze wieder auf die Kochstelle setzen. Die Paprikastreifen und den beiseite gestellten Paprikasaft, die pürierte Tomate, den Essig und das Salz hinzufügen. Die Sauce 5 bis 7 Minuten simmern lassen, bis sie dick wird und um etwa ein Drittel eingekocht ist.

Die Nudeln abgießen, abtropfen lassen, und wieder zurück in den Topf geben. Anschließend die Sauce gründlich untermischen. Den Deckel auflegen und das Gericht 5 Minuten stehenlassen, damit die Aromen der Zutaten miteinander verschmelzen.

Vermicelli mit Zwiebeln und Erbsen

Portionen: 8 (als Beilage)
Arbeitszeit: etwa 15 Minuten
Gesamtzeit: etwa 1 Stunde

Kal. **185**
Joule **775**
Prot. **5 g**
Chol. **0 mg**
Fett insg. **4 g**
Ges. Fetts. **1 g**
Natr. **120 mg**

250 g Vermicelli oder Spaghettini
2 EL kaltgepreßtes Olivenöl
600 g Zwiebeln, gehackt
1 Stange Porree, geputzt, gewaschen und in dünne Ringe geschnitten
¼ TL Salz
Frisch gemahlener schwarzer Pfeffer
¼ l trockener Weißwein
75 g Erbsen

Das Öl in einer großen, schweren Pfanne bei niedriger Temperatur erhitzen. Zwiebelstücke, Porreeringe, Salz und reichlich Pfeffer dazugeben. Den Deckel fest auflegen und das Gemüse in etwa 45 Minuten sehr weich garen – dabei häufig mit einem Holzlöffel umrühren, damit die Zwiebeln nicht anbrennen.

Die Nudeln in 3 l kochendes Wasser mit 1½ TL Salz geben. Nach 7 Minuten die erste Garprobe machen – die Nudeln kochen, bis sie gar, aber noch *al dente* sind.

Während die Vermicelli garen, die Sauce fertigstellen: Den Wein zu der Zwiebel-Porree-Mischung in die Pfanne gießen, auf hohe Temperatur heraufschalten und alles noch etwa 5 Minuten kochen, bis die Flüssigkeit in der Pfanne auf ungefähr 4 EL reduziert ist. Die Erbsen unterrühren und mit aufgelegtem Deckel 1 bis 2 Minuten erhitzen. Werden frische Erbsen verwendet, verlängert man die Garzeit auf 5 Minuten.

Die Nudeln abgießen, abtropfen lassen und in eine vorgewärmte Servierschüssel füllen. Den Pfanneninhalt darübergießen und alles gut vermischen. Das Gericht sofort in einer vorgewärmten Schüssel servieren.

Lasagne-Rollen

Portionen: 6
Arbeitszeit: etwa 45 Minuten
Gesamtzeit: etwa 1 Stunde und 10 Minuten

Kal. **635**
Joule **2665**
Prot. **29 g**
Chol. **160 mg**
Fett insg. **33 g**
Ges. Fetts. **18 g**
Natr. **562 mg**

12 Lasagne ricce
500 g Ricotta-Käse
125 g Mozzarella-Käse, kleingeschnitten
250 g Brokkoli, 5 Minuten gedämpft, abgetropft und gehackt
75 g frische Champignons, blättrig geschnitten
2 Frühlingszwiebeln, geputzt und gehackt
2 EL gehacktes frisches oder 2 TL getrocknetes Basilikum
2 EL gehackter frischer oder 1 TL getrockneter Oregano
4 EL gehackte frische Petersilie

Tomatensauce

2 EL Sonnenblumenöl
1 Zwiebel, grobgehackt
2 kleine Möhren, geschält und grobgehackt
2 Stangen Bleichsellerie, geputzt und grobgehackt
2 Knoblauchzehen, in dünne Scheiben geschnitten
3 EL gehacktes frisches oder 1 EL getrocknetes Basilikum
Frisch gemahlener schwarzer Pfeffer
1 Lorbeerblatt
15 cl Madeira
1250 g reife Tomaten, abgezogen, entkernt und gehackt, oder 800 g ganze Tomaten aus der Dose, abgetropft und gehackt
2 EL Tomatenmark
125 g ungesüßtes Apfelmus
3 EL frisch geriebener Parmesankäse

Für die Zubereitung der Sauce das Öl in einem großen, schweren Topf bei mittelhoher Temperatur erhitzen. Zwiebel-, Möhren- und Bleichselleriestücke hinzufügen. Das Gemüse unter häufigem Rühren 2 Minuten sautieren. Den Knoblauch dazugeben und alles noch eine weitere Minute sautieren. Basilikum, Pfeffer, Lorbeerblatt und Madeira unterrühren. Die Flüssigkeit zum Kochen bringen und in 2 bis 3 Minuten auf etwa die Hälfte reduzieren. Gehackte Tomaten, Tomatenmark und Apfelmus hinzufügen. Sobald die Flüssigkeit wieder kocht, auf niedrige Temperatur herunterschalten und die Sauce 30 bis 35 Minuten leise kochen lassen. Das Lorbeerblatt herausnehmen und die Sauce in den Mixer oder die Küchenmaschine füllen. Die Sauce pürieren und wieder in den Topf gießen. Den geriebenen Parmesankäse unterrühren und den Topf beiseite stellen.

Den Backofen auf 180° C (Gasherd Stufe 2–3) vorheizen. Die Lasagne-Nudeln in 4 l kochendes Wasser mit 2 TL Salz geben. Nach 12 Minuten die erste Garprobe machen – die Nudeln sollten gar, aber noch bißfest sein. Abtropfen lassen und die Pasta zum Abtrocknen auf ein sauberes Küchenhandtuch legen.

In einer großen Schüssel Ricotta- und Mozzarella-Käse, Brokkoli- und Frühlingszwiebelstücke, Champignonscheiben, Basilikum, Oregano und Petersilie mischen.

Zum Fertigstellen des Gerichtes den Boden einer etwa 25 × 35 cm großen Auflaufform mit ¼ l Tomatensauce überziehen. Jeweils 4 EL Käse-Gemüse-Mischung auf einer Lasagne verteilen und die Nudel zusammenrollen. Die Rollen mit der Nahtstelle nach unten in die Form setzen. Die restliche Sauce über die Rollen gießen und die Form fest mit Alufolie abdecken. Die Auflaufform für 20 Minuten in den Backofen schieben, dann die Folie abnehmen und die Pasta für weitere 15 bis 20 Minuten in den Backofen stellen. Das Gericht sehr heiß servieren.

ANMERKUNG: *Da Lasagne während des Kochens reißen können, vorsorglich einige zusätzliche Nudeln kochen.*

Vermicelli-Salat mit Schweinefleisch

Portionen: 6
Arbeits- und Gesamtzeit: etwa 30 Minuten

Kal. **205**
Joule **860**
Prot. **9 g**
Chol. **15 mg**
Fett insg. **3 g**
Ges. Fetts. **1 g**
Natr. **235 mg**

250 g Vermicelli (oder andere lange, dünne Nudeln)
½ EL Sonnenblumenöl
125 g Schweinelendchen, in dünne Streifen geschnitten
2 Knoblauchzehen, feingehackt
3 Möhren, geschält und in feine Streifen geschnitten
4 Stangen Bleichsellerie, geputzt und in feine Streifen geschnitten
2 TL dunkles Sesamöl
¼ TL Salz
Frisch gemahlener schwarzer Pfeffer
6 Tropfen Tabascosauce
2 EL Reisweinessig
1 TL Cream Sherry

Die Vermicelli zweimal durchbrechen und in 3 l kochendes Wasser mit 1½ TL Salz geben. Nach 5 Minuten die erste Garprobe machen – die Nudeln sollen zwar gar, aber noch *al dente*, bißfest, sein.

Während die Vermicelli garen, das Sonnenblumenöl bei mittelhoher Temperatur in einem Wok oder einer großen Pfanne erhitzen. Die Fleischstreifen 2 Minuten unter ständigem Rühren im Öl sautieren. Den Knoblauch hinzufügen und 30 Sekunden weiterbraten – dabei ständig rühren, damit er nicht anbrennt. Möhren- und Selleriestreifen dazugeben und alles noch einmal 2 Minuten unter Rühren braten.

Die Nudeln abgießen, abtropfen lassen und in einer großen Schüssel unter die Fleisch-Gemüse-Mischung heben. Das Sesamöl darüberträufeln, Salz, Pfeffer und Tabascosauce hinzufügen und alles gründlich mischen. Essig und Sherry dazugeben und alles noch einmal gut durchmischen. Kalt oder gekühlt servieren.

Penne mit Lachsschinken und Champignonsauce

Portionen: 8
Arbeitszeit: etwa 15 Minuten
Gesamtzeit: etwa 45 Minuten

Kal. **315**
Joule **1325**
Prot. **11 g**
Chol. **7 mg**
Fett insg. **6 g**
Ges. Fetts. **2 g**
Natr. **215 mg**

500 g Penne (oder andere kurze Hohlnudeln)
1250 g italienische Eiertomaten, in Viertel geschnitten, oder 800 g ganze Tomaten aus der Dose, abgetropft
4 ganze getrocknete rote Chilischoten
2 EL kaltgepreßtes Olivenöl
1 Zwiebel, feingehackt
500 g Champignons, geputzt, gewaschen und blättrig geschnitten
60 g Lachsschinken, in dünne Streifen geschnitten
4 Knoblauchzehen, feingehackt
⅛ l trockener Weißwein
2 EL gehackte frische Petersilie, vorzugsweise glatte
15 g Butter

Tomaten, Chilischoten und 4 EL Wasser in einer großen Pfanne verrühren und bei mittlerer Temperatur etwa 20 Minuten garen, bis die Tomaten ihren Saft abgegeben haben und der größte Teil der Flüssigkeit eingekocht ist. Den Pfanneninhalt durch ein Sieb in eine kleine Schüssel streichen und beiseite stellen.

Die Penne in 3 l kochendes Wasser mit 1½ TL Salz geben. Nach 10 Minuten die erste Garpobe machen – die Penne kochen, bis sie gar, aber noch *al dente* sind.

Während die Nudeln garen, das Öl bei mittelhoher Temperatur in einer großen Pfanne erhitzen. Die Zwiebelstücke hinzufügen und in etwa 3 Minuten unter ständigem Rühren glasig dünsten. Die Champignonscheiben dazugeben und 2 Minuten sautieren, dann Schinkenstreifen und Knoblauch hinzufügen und alles noch einmal 2 Minuten braten. Den Wein dazugießen und die Flüssigkeit in etwa 3 Minuten auf ungefähr die Hälfte einkochen. Das beiseite gestellte Tomatenpüree und die Petersilie unterrühren und die Sauce warm stellen.

Die gegarten Nudeln mit der Butter und der Sauce auf eine Platte oder in eine Schüssel geben und alles gut vermengen. Das Gericht sofort servieren.

Nudelauflauf mit Stilton und Portwein

Portionen: 6
Arbeitszeit: etwa 20 Minuten
Gesamtzeit: etwa 45 Minuten

Kal. **300**
Joule **1260**
Prot. **11 g**
Chol. **15 mg**
Fett insg. **9 g**
Ges. Fetts. **4 g**
Natr. **400 mg**

250 g Gobbetti (Hörnchennudeln)
1 EL Sonnenblumenöl
2 Schalotten, feingehackt
2 EL Mehl
⅛ l rubinroter Portwein
¼ l fettarme Milch
¼ l ungesalzene Hühnerbrühe
125 g Stilton-Käse oder anderer Edelpilzkäse, zerbröckelt
2 TL Dijon-Senf
1 Messerspitze frisch gemahlener weißer Pfeffer
4 EL Semmelbrösel
1 TL Paprika

Den Backofen auf 180° C (Gasherd Stufe 2–3) vorheizen. Das Öl in einer großen, schweren Pfanne bei mittlerer Temperatur erhitzen. Die gehackten Schalotten hinzufügen und unter gelegentlichem Rühren in etwa 2 Minuten glasig dünsten. Das Mehl über die Schalotten streuen und unter ständigem Rühren 2 Minuten anschwitzen.

Den Portwein dazugießen und mit einem Schneebesen langsam einrühren. Anschließend die Milch und die Brühe hinzufügen und die Sauce so lange mit dem Schneebesen rühren, bis sie glatt ist. Die Sauce etwa 3 Minuten leise simmern lassen, dann die Hälfte des Käses, den Senf und den Pfeffer hineinrühren. Weiterrühren, bis der Käse vollkommen geschmolzen ist.

In der Zwischenzeit die Hörnchennudeln in 3 l kochendes Wasser mit 1½ TL Salz geben. Nach 10 Minuten die erste Garprobe machen – die Nudeln kochen, bis sie zwar gar, aber noch *al dente* sind.

Die Hörnchen abgießen, abtropfen lassen, mit der Sauce mischen und in eine Auflaufform füllen. Die Semmelbrösel mit dem restlichen Käse vermengen und gleichmäßig auf den Nudeln verteilen. Den Paprika darüberstreuen und das Gericht für etwa 20 bis 25 Minuten in den Backofen schieben, bis die Sauce kocht und sich eine Kruste gebildet hat. Sofort servieren.

Rotine mit Zitronensauce und Dill

Portionen: 4
Arbeits- und Gesamtzeit: etwa 20 Minuten

Kal. **290**
Joule **1220**
Prot. **9 g**
Chol. **8 mg**
Fett insg. **3 g**
Ges. Fetts. **1 g**
Natr. **100 mg**

250 g Rotine (oder andere spiralförmige Nudeln)
¼ l Milch
1 Prise Salz
4 EL Aquavit oder 4 EL Wodka und 1 TL Kümmel
3 EL frischer Zitronensaft
1 Streifen unbehandelte Zitronenschale (etwa 5 cm)
2 EL feingeschnittener frischer oder 2 TL getrockneter Dill

Milch, Salz, Aquavit oder Wodka und Kümmel, Zitronensaft und -schale in eine große, schwere oder beschichtete Pfanne geben. Die Flüssigkeit zum Kochen bringen, die Temperatur herunterschalten und alles 3 Minuten leise simmern lassen. Die Rotine hinzufügen und so viel Wasser auffüllen, daß sie fast bedeckt sind. Den Deckel auflegen und die Nudeln bei schwacher Hitze etwa 15 Minuten kochen, bis sie gar, aber noch *al dente* sind und noch etwa 4 EL Sauce vorhanden sind – gelegentlich den Dekkel abnehmen und umrühren. (Falls notwendig, noch etwas Wasser dazugießen, damit die Rotine nicht ansetzen.) Die Zitronenschale herausnehmen und wegwerfen. Den Dill unterrühren und das Gericht sofort servieren.

Fettuccine mit Miesmuscheln in Safransauce

Portionen: 4
Arbeits- und Gesamtzeit: etwa 30 Minuten

Kal. **475**
Joule **1995**
Prot. **23 g**
Chol. **30 mg**
Fett insg. **8 g**
Ges. Fetts. **2 g**
Natr. **560 mg**

350 g Fettuccine
1 kg große Miesmuscheln, gebürstet und die Bärte entfernt
1 EL Sonnenblumenöl
1 Schalotte, feingehackt
2 EL Mehl
⅛ l trockener Wermut
1 Messerspitze Safranfäden, in 18 cl heißem Wasser eingeweicht
4 EL frisch geriebener Pecorino-Käse
¼ TL Salz
Frisch gemahlener schwarzer Pfeffer
1 EL geschnittener Schnittlauch

Die Miesmuscheln verlesen und alle wegwerfen, die sich beim Daraufklopfen nicht schließen. Dann mit ⅛ l Wasser in einen großen Topf geben, den Deckel auflegen und bei starker Hitze etwa 5 Minuten dämpfen, bis sie sich öffnen. Die Muscheln mit einem Schaumlöffel aus dem Topf heben und beiseite stellen. Alle Muscheln, die sich nicht geöffnet haben, wegwerfen.

Sind die Muscheln abgekühlt, das Fleisch aus den Schalen nehmen und dabei über den Topf halten, um die Flüssigkeit aufzufangen. Das Muschelfleisch beiseite stellen und die Schalen wegwerfen. Die Flüssigkeit im Topf durch ein Haarsieb gießen und aufbewahren.

Das Sonnenblumenöl in einer schweren Pfanne bei mittelhoher Temperatur erhitzen. Die gehackte Schalotte dazugeben und 30 Sekunden sautieren. Die Pfanne von der Kochstelle nehmen. Erst das Mehl mit einem Schnee-

besen einrühren, dann Wermut und Safranwasser darunterschlagen. Die Pfanne wieder auf die Kochstelle setzen und die Sauce bei mittelschwacher Hitze 2 bis 3 Minuten simmern lassen, bis sie dick wird.

In der Zwischenzeit die Fettuccine in 3 l kochendes Wasser mit 1½ TL Salz geben. Nach 10 Minuten die erste Garprobe machen – die Nudeln kochen, bis sie zwar gar, aber noch bißfest sind.

Für die Fertigstellung der Sauce 4 EL von dem durchgesiebten Muschelsud sowie den Käse, Salz, Pfeffer, Schnittlauch und das Muschelfleisch zu dem Pfanneninhalt rühren. Die Sauce noch einmal 3 bis 4 Minuten simmern lassen, um die Muscheln zu erhitzen.

Die Nudeln abgießen, abtropfen lassen, zusammen mit der Sauce in eine vorgewärmte Schüssel geben und alles vermengen. Sofort servieren.

Fettuccine mit Kapern, schwarzen Oliven und Tomaten

Portionen: 4
Arbeits- und Gesamtzeit: etwa 35 Minuten

Kal. **300**
Joule **1260**
Prot. **10 g**
Chol. **4 mg**
Fett insg. **6 g**
Ges. Fetts. **1 g**
Natr. **485 mg**

250 g Fettuccine
1 Knoblauchzehe, sehr fein gehackt
1 EL Sonnenblumenöl
1250 g reife Tomaten, abgezogen, entkernt und gehackt, oder 800 g ganze Tomaten aus der Dose, abgetropft und gehackt
2 TL Kapern, abgetropft und gehackt
6 schwarze Oliven, entsteint und längs in Streifen geschnitten
1 Messerspitze zerstoßene getrocknete rote Chillies
¼ TL Salz
1 TL gehackter frischer oder ½ TL getrockneter Oregano
2 EL frisch geriebener Pecorino-Käse

Den Knoblauch in einer großen, schweren Pfanne bei mittlerer Hitze 30 Sekunden anbraten. Die gehackten Tomaten und Kapern, Olivenstreifen, Pfeffer und Salz dazugeben. Die Kochstelle auf schwache Hitze reduzieren, den Deckel halb auflegen und die Mischung 20 Minuten simmern lassen. Den Oregano hinzufügen und alles noch einmal 10 Minuten garen.

Etwa 10 Minuten bevor die Sauce fertig ist, die Fettuccine in 3 l kochendes Wasser mit 1½ TL Salz geben. Nach 10 Minuten die erste Garprobe machen – die Nudeln sollten *al dente* sein. Abgießen, abtropfen lassen, mit der Sauce in eine Servierschüssel geben und gut mischen. Vor dem Servieren den Käse darüberstreuen.

Conchiglie gefüllt mit Krebsfleisch und Spinat

Portionen: 6
Arbeitszeit: etwa 30 Minuten
Gesamtzeit: etwa 45 Minuten

Kal. **220**
Joule **925**
Prot. **14 g**
Chol. **50 mg**
Fett insg. **8 g**
Ges. Fetts. **2 g**
Natr. **365 mg**

12 große Conchiglie von etwa 6 cm Länge
2 EL Sonnenblumenöl
1 große Zwiebel, gehackt
1 Prise Salz
Frisch gemahlener schwarzer Pfeffer
125 g frischer Spinat, geputzt, gewaschen und in feine Streifen geschnitten
1 EL gehacktes frisches Basilikum oder glatte Petersilie
2 EL frischer Limettensaft
350 g frisches Krebsfleisch, verlesen und zerpflückt
125 g Ricotta-Käse

Weißweinsauce

⅛ l trockener Weißwein
1 EL feingehackte Schalotten
1 Prise Salz
Frisch gemahlener schwarzer Pfeffer
1 EL gehacktes frisches Basilikum oder glatte Petersilie
1 EL Sahne

Den Backofen auf 180° C (Gasherd Stufe 2–3) vorheizen. Die Pasta in 4 l kochendem Wasser mit 1 TL Salz 12 Minuten garen und öfters vorsichtig umrühren, damit die Conchiglie nicht zusammenkleben. Die Nudeln dürfen nicht ganz gar sein. Dann abgießen, abtropfen lassen und mit kaltem Wasser abschrecken.

Während die Nudeln kochen, 1 EL Öl in einer schweren Pfanne bei mittlerer Temperatur erhitzen. Die gehackte Zwiebel, Salz und Pfeffer hinzufügen und die Zwiebelstückchen unter häufigem Rühren in etwa 10 Minuten anbräunen. Spinatstreifen, Basilikum oder Petersilie und 1 EL Limettensaft dazugeben. Die Mischung etwa 2 Minuten unter Rühren garen, bis der Spinat zusammenfällt.

Die Pfanne von der Kochstelle nehmen. Krebsfleisch, Ricotta-Käse, den restlichen Limettensaft und noch etwas Pfeffer hinzufügen und alles leicht mischen.

Die Muschelnudeln mit der Krebsfleischmischung füllen und die Masse vorsichtig hineindrücken.

Die gefüllten Conchiglie in eine flache Auflaufform setzen und den restlichen Eßlöffel Öl darüberträufeln. Locker mit Alufolie abdecken – die glänzende Seite nach unten – und für 20 Minuten in den Backofen schieben.

Während die Nudeln im Backofen weitergaren, die Sauce zubereiten. Weißwein, Schalottenstücke, Salz, Pfeffer und ⅛ l Wasser in einen kleinen Topf geben. Die Mischung zum Kochen bringen, dann auf mittelschwache Hitze reduzieren und alles 12 bis 15 Minuten simmern lassen, bis die Flüssigkeit auf etwa 8 cl eingekocht ist. Den Topf von der Kochstelle nehmen. Basilikum oder Petersilie hinzufügen und die Sahne unterschlagen. Den Topf wieder auf die Kochstelle setzen und die Sauce weitere 1 bis 2 Minuten simmern lassen, bis sie leicht sämig wird.

Die Sauce über die gefüllten Conchiglie ziehen und das Gericht sofort servieren.

ANMERKUNG: *Da Muschelnudeln beim Garen einreißen können, für alle Fälle einige zusätzliche Conchiglie kochen.*

Orzo mit Pilzen

Portionen: 4 (als Vorspeise oder Beilage)
Arbeitszeit: etwa 30 Minuten
Gesamtzeit: etwa 40 Minuten

Kal. **255**
Joule **1070**
Prot. **8 g**
Chol. **10 mg**
Fett insg. **4 g**
Ges. Fetts. **2 g**
Natr. **165 mg**

200 g Orzo
30 g getrocknete Pilze (Steinpilze oder asiatische Pilze), 20 Minuten in ¼ l heißem Wasser eingeweicht
15 g Butter
35 cl ungesalzene Hühnerbrühe
1 Knoblauchzehe, feingehackt
1 TL frischer oder ¼ TL getrockneter Thymian
¼ TL Salz
Frisch gemahlener schwarzer Pfeffer

Die Pilze aus ihrem Einweichwasser nehmen und in dünne Streifen schneiden. Das Einweichwasser durch ein Haarsieb gießen und etwa ⅛ l aufbewahren.

Die Butter bei mittlerer Hitze in einem schweren Topf zerlassen. Die Pilze und die Pasta in den Topf geben und unter häufigem Rühren 5 Minuten anbraten. Das beiseite gestellte Pilzwasser, ⅛ l Hühnerbrühe, Knoblauch, Thymian, Salz und Pfeffer hinzufügen. Alles unter ständigem Rühren 7 bis 8 Minuten garen, bis die Pasta den größten Teil der Flüssigkeit aufgenommen hat.

Die Kochstelle auf niedrige Temperatur herunterschalten und ⅛ l Hühnerbrühe in den Topf gießen. Alles unter ständigem Rühren 3 bis 4 Minuten kochen, bis die Flüssigkeit von den Nudeln aufgenommen ist. Mit der restlichen Brühe ebenso verfahren und die Mischung garen, bis die Pasta weich, aber noch feucht ist. Das Gericht sofort in einer vorgewärmten Schüssel servieren.

Paprikaschoten mit Nudelfüllung

Portionen: 4
Arbeitszeit: etwa 45 Minuten
Gesamtzeit: etwa 1 Stunde und 15 Minuten

Kal. **380**
Joule **1595**
Prot. **17 g**
Chol. **25 mg**
Fett insg. **10 g**
Ges. Fetts. **1 g**
Natr. **350 mg**

250 g Stellette (Sternchennudeln)
150 g Hühnerbrust ohne Haut und Knochen, in kleine Stücke geschnitten
3 Frühlingszwiebeln, geputzt und in dünne Ringe geschnitten
1 große Knoblauchzehe, zerdrückt
1½ EL grobgehackte frische Ingwerwurzel
2 EL Sonnenblumenöl
90 g eingelegte Pimientos, abgetropft und feingehackt
Frisch gemahlener schwarzer Pfeffer
2 TL Essig
½ TL Salz
4 grüne Paprikaschoten
1 TL dunkles Sesamöl

Für die Füllung Hühnerfleisch, Frühlingszwiebeln, Knoblauch und Ingwer auf ein Brett häufen und alles mit einem großen, scharfen Messer feinhacken.

Das Sonnenblumenöl in einer großen, schweren Pfanne bei mittlerer Temperatur erhitzen. Die Hühnerfleischmischung hineingeben und etwa 4 Minuten sautieren, bis das Fleisch weiß ist – dabei ständig mit einem Wender oder Holzlöffel auseinanderschieben und wenden. Die gehackten Pimientos, den schwarzen Pfeffer, Essig und ¼ TL Salz unterrühren.

Die Sternchennudeln in 2 l kochendes Wasser mit ½ TL Salz geben. Nach zwei Minuten die erste Garprobe machen – die Nudeln kochen, bis sie gar, aber noch bißfest sind. Abgießen, abtropfen lassen und unter die Hühnerfleischmischung rühren.

Den Backofen auf 180° C (Gasherd Stufe 2–3) vorheizen. Deckel von den Paprikaschoten abschneiden und beiseite stellen. Samen und Rippen mit einem kleinen Löffel aus den Schoten herauskratzen. Einen Finger in das Sesamöl tauchen und die Paprika innen damit ausstreichen. Dann das restliche Salz auf die Innenwände streuen. Die Paprikaschoten mit der Fleischmischung füllen, die Masse gut eindrücken und die Deckel wieder aufsetzen. Die restliche Füllung zurückstellen.

Eine flache Auflaufform dünn mit Öl ausstreichen, die gefüllten Paprikaschoten nebeneinander hineinsetzen und für 25 Minuten in den Backofen schieben. Die Form herausnehmen und die restliche Füllung um die Schoten verteilen. Die Paprikaschoten noch einmal für 5 Minuten in den Backofen stellen, dann in der Form servieren.

Spiralnudeln mit Pfifferlingen

Portionen: 2
Arbeits- und Gesamtzeit: etwa 25 Minuten

Kal. **360**
Joule **1510**
Prot. **10 g**
Chol. **15 mg**
Fett insg. **14 g**
Ges. Fetts. **5 g**
Natr. **380 mg**

125 g Fusilli (oder andere Spiralnudeln)
1 reife Tomate
1 EL kaltgepreßtes Olivenöl
15 g Butter
165 g Pfifferlinge oder Austernpilze, geputzt und in dünne Scheiben geschnitten
¼ TL Salz
Frisch gemahlener schwarzer Pfeffer
1 Knoblauchzehe, feingehackt
1½ EL feingeschnittener Schnittlauch

Die Tomate mit dem Stielansatz nach unten auf ein Brett legen. Das Fruchtfleisch mit einem scharfen Messer in Scheiben und dann in sehr dünne Streifen schneiden und beiseite stellen, Samen und Saft wegwerfen.

Die Nudeln in 2 l kochendes Wasser mit 1 TL Salz geben. Nach 10 Minuten die erste Garprobe machen – die Nudeln sollten gar, aber noch bißfest sein.

Während die Nudeln kochen, Öl und Butter bei mittlerer Temperatur in einer großen, schweren Pfanne erhitzen. Die Pfifferling- oder Austernpilzscheiben, den ¼ TL Salz und etwas Pfeffer dazugeben und die Pilze unter gelegentlichem Rühren 3 Minuten sautieren. Knoblauch, 1 EL geschnittenen Schnittlauch und die Tomatenstreifen hinzufügen. Alles noch einmal 2 Minuten unter häufigem Wenden sautieren.

Die Nudeln abgießen, abtropfen lassen, zu den Pilzen in die Pfanne geben und alles gut mischen. Das Gericht mit dem restlichen Schnittlauch garniert sofort auf vorgewärmten Tellern servieren.

Orzo mit Miesmuscheln

Portionen: 4
Arbeitszeit: etwa 30 Minuten
Gesamtzeit: etwa 40 Minuten

Kal. **400**
Joule **1680**
Prot. **17 g**
Chol. **20 mg**
Fett insg. **9 g**
Ges. Fetts. **1 g**
Natr. **390 mg**

250 g Orzo (oder andere kleine Nudeln)
1 ungespritzte Orange
2 EL kaltgepreßtes Olivenöl
1 Zwiebel, feingehackt
4 Knoblauchzehen, feingehackt
1 kg Tomaten, abgezogen, entkernt und feingehackt
2 TL Fenchelsamen
1½ EL Tomatenmark
⅛ l trockener Wermut
¼ TL Salz
3 EL gehackte frische oder 1 EL getrocknete Petersilie
1 TL frischer oder ¼ TL getrockneter Thymian
750 g Miesmuscheln, gebürstet und Bärte entfernt

Die äußere Schale der Orange mit einem scharfen Messer abschälen, in sehr feine Streifen schneiden und mit ¼ l kaltem Wasser in einen kleinen Topf geben. Das Wasser zum Kochen bringen und den Topf von der Kochstelle nehmen. Die Orangenschalen unter fließendem kaltem Wasser abschrecken und beiseite stellen. Die Orange auspressen und den Saft ebenfalls beiseite stellen.

Das Öl bei mittlerer Temperatur in einem großen Schmortopf erhitzen. Die feingehackten Zwiebeln hinzufügen und unter ständigem Rühren 3 Minuten sautieren. Den Knoblauch dazugeben und alles noch einmal etwa 2 Minuten unter ständigem Rühren sautieren, bis die Zwiebelstücke glasig sind.

Die Zwiebel-Knoblauch-Mischung zur Seite schieben, die Tomatenstücke sowie den Fenchelsamen hinzufügen und auf hohe Temperatur heraufschalten. Die Tomatenstücke etwa 1 Minute garen – gerade so lange, daß sie weich sind, aber noch nicht zerfallen. Die Zwiebel-Knoblauch-Mischung unterrühren. Tomatenmark, Orangensaft und Wermut in den Topf geben und gut umrühren. Die Kochstelle auf mittlere Temperatur herunterschalten und die Sauce 5 Minuten simmern lassen. Petersilie, Thymian und Orangenschale hinzufügen.

Die Muscheln verlesen und alle wegwerfen, die sich beim Daraufklopfen nicht schließen. Dann zur Sauce in den Schmortopf geben. Den Deckel auflegen und die Muscheln 3 bis 5 Minuten dünsten, bis sie sich öffnen. Alle Muscheln, die sich nicht geöffnet haben, wegwerfen. Den Schmortopf von der Kochstelle nehmen und zugedeckt beiseite stellen.

Die Pasta in 3 l kochendes Wasser mit 1½ TL Salz geben. Nach 10 Minuten die erste Garprobe machen – die Nudeln kochen, bis sie gar, aber noch *al dente* sind. Abgießen, abtropfen lassen und auf vier tiefe, vorgewärmte Teller verteilen. Die Muscheln darübergeben und die Sauce über die einzelnen Portionen löffeln.

Gemelli mit sonnengetrockneten Tomaten und Kräutern

Portionen: 8 (als Vorspeise)
Arbeitszeit: etwa 25 Minuten
Gesamtzeit: etwa 30 Minuten

Kal. **175**
Joule **735**
Prot. **5 g**
Chol. **5 mg**
Fett insg. **6 g**
Ges. Fetts. **1 g**
Natr. **250 mg**

250 g Gemelli (oder andere kurze Spiralnudeln)
60 g sonnengetrocknete Tomaten in Öl, abgetropft und in dünne Scheiben geschnitten
4 kleine Stangen Porree, geputzt, gewaschen und in 2 cm dicke Scheiben geschnitten
2 Schalotten, feingehackt
1 TL frischer oder ¼ TL getrockneter Rosmarin
1½ EL frischer Zitronensaft
2 EL kaltgepreßtes Olivenöl
½ TL Salz
Frisch gemahlener schwarzer Pfeffer
1 TL frischer oder ¼ TL getrockneter Thymian
4 EL trockener Weißwein
4 EL frisch geriebener Parmesankäse

Die Gemelli in 3 l ungesalzenem kochendem Wasser 2 Minuten vorkochen – die Nudeln sind dann noch nicht gar. Abgießen, abtropfen lassen und in einen großen Schmortopf geben. Tomatenstreifen, ¼ l Wasser, 50 g weiße Porreescheiben, die gehackten Schalotten, Rosmarin, Zitronensaft, 1 EL Öl, ¼ TL Salz und etwas Pfeffer hineinrühren. Den Deckel auflegen und die Mischung unter gelegentlichem Rühren bei schwacher Hitze etwa 8 Minuten garen, bis die gesamte Flüssigkeit von den Nudeln aufgenommen worden ist.

In der Zwischenzeit in einer großen, schweren Pfanne das restliche Öl bei mittlerer Temperatur erhitzen. Die verbliebenen Porreescheiben, das restliche Salz, etwas Pfeffer und den Thymian hinzufügen. Die Mischung unter gelegentlichem Rühren 3 Minuten sautieren, auf hohe Temperatur heraufschalten und noch einmal 1 Minute garen, dann den Wein dazugießen. Die Flüssigkeit etwa 4 Minuten einkochen lassen.

Die Porreemischung in den Schmortopf geben, dann den Parmesankäse unterrühren. Damit die Nudeln das Aroma der Kräuter und Tomaten annehmen, den Schmortopf vor dem Servieren noch etwa 5 Minuten zugedeckt stehenlassen.

ANMERKUNG: *Anstelle des im Rezept genannten Olivenöls können auch 2 EL des Öls verwendet werden, in dem die sonnengetrockneten Tomaten eingelegt sind.*

Vermicelli mit Tomaten und Venusmuscheln

VOR DEM DÄMPFEN ALLE MUSCHELN WEGWERFEN, DIE SICH BEIM DARAUFKLOPFEN NICHT SCHLIESSEN.

Portionen: 4
Arbeits- und Gesamtzeit: etwa 1 Stunde

Kal. **455**
Joule **1910**
Prot. **24 g**
Chol. **55 mg**
Fett insg. **11 g**
Ges. Fetts. **3 g**
Natr. **150 mg**

250 g Vermicelli (oder andere dünne Spaghetti)
36 kleine Venusmuscheln, unter fließendem Wasser gebürstet
6 EL Rotwein
5 Stengel Petersilie
6 Knoblauchzehen, feingehackt
1½ EL kaltgepreßtes Olivenöl
1 kleine Möhre, geschält und in dünne Scheiben geschnitten
1 Zwiebel, feingehackt
2 kg reife Tomaten, abgezogen, entkernt und gehackt, oder 1300 g ganze Tomaten aus der Dose, abgetropft und gehackt
2 TL feingehackter frischer oder 1 TL getrockneter Oregano
1½ TL feingehackter frischer oder ½ TL getrockneter Thymian
Frisch gemahlener schwarzer Pfeffer
15 g Butter

Muscheln, Wein, Petersilie und die Hälfte des Knoblauchs in einem großen, schweren Topf geben. Den Deckel fest auflegen und die Muscheln bei mittelhoher Temperatur 5 Minuten dämpfen. Alle Muscheln, die sich geöffnet haben, in eine Schüssel geben. Den Deckel wieder auflegen und die verbliebenen Muscheln weitere 3 Minuten dämpfen. Wieder alle geöffneten Muscheln in die Schüssel heben. Alle Muscheln, die nun immer noch geschlossen sind, wegwerfen. Den im Topf verbliebenen Weinsud durch ein Haarsieb gießen und 6 EL für die Sauce beiseite stellen. Anschließend die abgekühlten Muscheln aus den Schalen lösen und zusammen mit der Flüssigkeit, die sich in der Schüssel angesammelt hat, beiseite stellen.

Für die Zubereitung der Sauce das Öl in einer schweren Pfanne bei mittlerer Temperatur erhitzen. Die Möhrenscheiben und Zwiebelstücke dazugeben und etwa 5 Minuten sautieren, bis die Zwiebeln glasig sind. Den restlichen Knoblauch hinzufügen und die Mischung noch einmal 3 Minuten garen. Gehackte Tomaten, Thymian und Oregano unterrühren. Auf schwache Hitze reduzieren und die Sauce etwa 15 Minuten unter häufigem Rühren weitergaren, bis sie verhältnismäßig dick ist. Dann die Muscheln zusammen mit ihrer Flüssigkeit und dem bereitgestellten Weinsud zu der Sauce geben. Mit reichlich schwarzem Pfeffer aus der Mühle würzen.

Etwa 5 Minuten nachdem die Tomaten zu der Sauce hinzugefügt wurden, die Vermicelli in 3 l kochendes Wasser mit 1½ TL Salz geben. Nach 6 Minuten die erste Garprobe machen – die Nudeln nur so lange kochen, bis sie zwar gar, aber noch *al dente* sind.

Die Vermicelli abgießen, abtropfen lassen und wieder in den Kochtopf füllen. Die Butter hinzufügen und gut mit den Nudeln vermischen. Die Muschelsauce darübergießen und das Gericht sofort servieren.

Ditalini-Gratin mit Chilischoten

BEI DIESEM GERICHT WERDEN NUDELN UND SAUCE ZUSAMMEN GEGART. DURCH DIE IN DER PASTA ENTHALTENE STÄRKE DICKT DIE SAUCE EIN.

Portionen: 6 (als Beilage)
Arbeitszeit: etwa 25 Minuten
Gesamtzeit: etwa 30 Minuten

Kal. **225**
Joule **945**
Prot. **10 g**
Chol. **12 mg**
Fett insg. **4 g**
Ges. Fetts. **3 g**
Natr. **185 mg**

250 g Ditalini (oder andere kurze Hohlnudeln)

750 g reife Tomaten, abgezogen, entkernt und gehackt, oder 400 g ganze Tomaten aus der Dose, abgetropft und gehackt

1 Zwiebel gehackt

¼ l fettarme Milch

1 scharfe grüne Chilischote, entkernt und die Rippen entfernt, feingehackt (Anmerkung S. 33)

1 Knoblauchzehe, feingehackt

¼ TL gemahlener Kreuzkümmel

¼ TL Salz

Frisch gemahlener schwarzer Pfeffer

60 g Cheddar-Käse, in kleine Würfel geschnitten

Tomaten- und Zwiebelstücke sowie Milch in eine große, schwere Pfanne geben und alles zum Kochen bringen. Die Ditalini, die gehackte Chilischote, den Knoblauch, Kreuzkümmel, Salz und reichlich Pfeffer hinzufügen. Alles gründlich mischen, den Deckel auflegen und die Kochstelle auf mittlere Temperatur herunterschalten. Die Mischung 2 Minuten simmern lassen und gelegentlich umrühren, damit die Nudeln nicht am Boden ansetzen. Inzwischen den Grill vorheizen.

So viel Wasser in die Pfanne gießen, daß die Ditalini gerade bedeckt sind. Die Nudeln etwa 7 Minuten kochen, bis sie gar, aber noch *al dente* sind und eine cremige Sauce entstanden ist; während des Garens immer wieder den Deckel abnehmen, um die Mischung umzurühren und mit Flüssigkeit bedeckt zu halten.

Den Pfanneninhalt in eine Auflaufform füllen. Den Käse darüberstreuen und das Gericht 2 bis 3 Minuten im Grill überbacken, bis der Käse geschmolzen ist. Den Nudelgratin sofort servieren.

Tagliatelle mit gegrillten Auberginen

Portionen: 4
Arbeitszeit: etwa 30 Minuten
Gesamtzeit: etwa 40 Minuten

Kal. **355**
Joule **1490**
Prot. **9 g**
Chol. **0 mg**
Fett insg. **13 g**
Ges. Fetts. **1 g**
Natr. **235 mg**

250 g Tagliatelle (oder andere Bandnudeln)
500 g Auberginen, längs in 2½ cm dicke Scheiben geschnitten
2½ EL kaltgepreßtes Olivenöl
1 große, reife Tomate, abgezogen und entkernt
50 g sonnengetrocknete Tomaten in Öl, abgetropft und in dünne Streifen geschnitten
1 Schalotte, feingehackt
1 Knoblauchzehe, feingehackt
1 EL Rotweinessig
Frisch gemahlener schwarzer Pfeffer
4 EL gehacktes frisches Basilikum

Den Grill vorheizen. Die Auberginenscheiben auf beiden Seiten mit 1½ EL Öl bepinseln. Die Scheiben in Würfel schneiden und nebeneinander auf einem Backblech verteilen und grillen, bis sie auf einer Seite gut gebräunt sind. Die Würfel wenden und wiederum bräunen. Den Grill ausschalten, die Auberginenwürfel jedoch zum Warmhalten im Backofen lassen.

Die Tagliatelle in 3 l kochendes Wasser mit 1½ TL Salz geben. Nach 10 Minuten die erste Garprobe machen – die Nudeln sollten gar, aber noch *al dente* sein.

Die frische Tomate im Mixer oder mit der Küchenmaschine pürieren. Das Tomatenpüree zusammen mit den in Streifen geschnittenen sonnengetrockneten Tomaten, Schalotten- und Knoblauchstücken, Essig, dem restlichen Öl und reichlich Pfeffer in einen kleinen Topf geben. Die Mischung bei schwacher Hitze zum Simmern bringen und 2 Minuten garen. Den Topf von der Kochstelle nehmen und das Basilikum unterrühren.

Die gegarten Nudeln abgießen, abtropfen lassen und in eine große, vorgewärmte Servierschüssel füllen. Die Auberginenwürfel und die Sauce dazugeben, alles gut mischen und das Gericht sofort servieren.

ANMERKUNG: *Das im Rezept angegebene kaltgepreßte Olivenöl kann auch durch 2½ EL des Öls, in dem die sonnengetrockneten Tomaten eingelegt sind, ersetzt werden.*

Vermicelli mit Garnelen und Fenchel

Portionen: 6
Arbeitszeit: etwa 35 Minuten
Gesamtzeit: etwa 45 Minuten

Kal. **365**
Joule **1533**
Prot. **17 g**
Chol. **85 mg**
Fett insg. **12 g**
Ges. Fetts. **4 g**
Natr. **225 mg**

350 g Vermicelli (oder andere dünne Spaghetti)
325 g große frische Garnelen, geschält und Darm entfernt, längs halbiert
½ TL Fenchelsamen (nach Belieben), im Mörser zerstoßen
4 Schalotten, in dünne Scheiben geschnitten
2 Knoblauchzehen, sehr fein gehackt
Frisch gemahlener schwarzer Pfeffer
2 EL kaltgepreßtes Olivenöl
1 Zitrone, halbiert
2 Fenchelknollen (etwa 325 g), Stengel und fedriges Grün für eine andere Verwendung aufbewahrt, die Knollen in sehr dünne Scheiben geschnitten
45 g Butter
4 EL Semmelbrösel

Die halbierten Garnelen, gegebenenfalls den Fenchelsamen, die Schalottenscheiben und den gehackten Knoblauch in eine Schüssel geben. Reichlich pfeffern, dann 1 EL Öl hinzufügen und alles gut mischen. Eine halbe Zitrone auspressen und den Saft in die Schüssel gießen. Wieder alles gut mischen und die Schüssel beiseite stellen. Die Fenchelscheiben in eine zweite kleine Schüssel geben und den Saft der anderen Zitronenhälfte darübergießen.

Den restlichen Eßlöffel Öl bei hoher Temperatur in einer großen Pfanne erhitzen. Wenn das Öl heiß ist, die Fenchelscheiben dazugeben und unter ständigem Rühren 5 Minuten sautieren. Die Garnelenmischung hinzufügen und etwa 2 Minuten garen, bis sich die Garnelen gerade rosa färben. Den Pfanneninhalt in eine Servierschüssel füllen und warm stellen.

Nun die Pfanne wieder auf die Kochstelle setzen, auf niedrige Temperatur herunterschalten und die Butter darin zerlassen. Anschließend die Semmelbrösel hinzufügen und unter häufigem Rühren in etwa 4 Minuten knusprig und goldbraun rösten.

Während die Semmelbrösel geröstet werden, die Vermicelli in 3 l kochendes Wasser mit 1½ TL Salz geben. Die Nudeln etwa 4 Minuten kochen, bis sie gar, aber noch bißfest sind. Abgießen, abtropfen lassen, zu der Garnelen-Fenchel-Mischung geben und alles gut vermengen. Auf eine vorgewärmte Servierplatte häufen, die Semmelbrösel darüberstreuen und das Gericht sofort servieren.

Cannelloni mit Puter-Grünkohl-Käse-Füllung

Portionen: 6
Arbeitszeit: etwa 30 Minuten
Gesamtzeit: etwa 2 Stunden

Kal. **565**
Joule **2365**
Prot. **45 g**
Chol. **170 mg**
Fett insg. **21 g**
Ges. Fetts. **12 g**
Natr. **495 mg**

12 Cannelloni (etwa 250 g)
500 g Putenbrustfleisch, in 3 cm große Würfel geschnitten
1 kleine Zwiebel, feingehackt
½ TL frischer oder ¼ TL getrockneter Thymian
4 EL trockener Wermut
½ l ungesalzene Hühnerbrühe
250 g Ricotta-Käse
250 g Hüttenkäse
6 EL frisch geriebener Parmesankäse
250 g Grünkohl, gegart, gut abgetropft und feingehackt
Frisch gemahlener schwarzer Pfeffer
Geriebene Muskatnuß
30 g Butter
4 EL Mehl
½ l fettarme Milch

Zur Vorbereitung der Füllung Putenfleischwürfel, gehackte Zwiebeln, Thymian und Wermut in einer Schüssel mischen und das Fleisch mindestens 30 Minuten marinieren.

Die Marinade durch ein Sieb in eine große, säurebeständige Pfanne gießen und bei mittlerer Temperatur erhitzen. Die Hühnerbrühe dazugeben und die Flüssigkeit zum Simmern bringen. Die Putenfleischwürfel hinzufügen und etwa 4 Minuten garziehen lassen, bis sie in der Mitte nicht mehr rosa sind.

Das Fleisch mit einem Schaumlöffel in die Küchenmaschine geben, die Garflüssigkeit aufbewahren. Das Gerät mehrmals kurz anschalten, bis das Fleisch feingehackt ist. Ricotta- und Hüttenkäse, 4 EL Parmesankäse sowie den gehackten Grünkohl dazugeben und alles mischen. Mit Pfeffer und Muskat würzen und beiseite stellen.

Für die Zubereitung der Sauce die Butter bei mittlerer Temperatur in einem etwa 2 l fassenden Topf zerlassen. Mit dem Schneebesen nach und nach das Mehl hineinrühren. Nach 2 Minuten die aufbewahrte Garflüssigkeit dazugießen und zum Kochen bringen – dabei ständig rühren, damit sich keine Klümpchen bilden. Die Milch hinzufügen und die Flüssigkeit unter häufigem Rühren erneut zum Kochen bringen. Auf niedrige Temperatur herunterschalten und die Sauce etwa 15 Minuten simmern lassen, während die Nudeln gekocht werden.

Die Cannelloni in 4 l kochendes Wasser mit 2 TL Salz geben. Nach 15 Minuten die erste Garprobe machen – die Nudeln kochen, bis sie zwar gar, aber noch *al dente* sind. Dann mit einem Schaumlöffel in eine Schüssel mit kaltem Wasser heben.

Nun den Backofen auf 200° C (Gasherd Stufe 3–4) vorheizen. Die Cannelloni gut abtropfen lassen und vorsichtig mit der Putenfleischmasse füllen.

Die gefüllten Nudeln nebeneinander in eine große Auflaufform legen. Die Sauce über die Cannelloni ziehen und den restlichen Parmesankäse darüberstreuen. Die Form mit Alufolie abdecken und für etwa 30 Minuten in den Backofen schieben, bis die Sauce kocht und die Pasta heiß ist. Die Alufolie abnehmen und die Cannelloni unter der Grillvorrichtung etwa 5 Minuten gratinieren. Das Gericht sofort heiß servieren.

ANMERKUNG: *Da Cannelloni während des Garens oder Füllens reißen können, vorsichtshalber ein oder zwei zusätzliche Nudeln kochen. Die Cannelloni können auch im voraus gefüllt und für 24 Stunden im Kühlschrank aufbewahrt werden, bevor man die Sauce und den frisch geriebenen Parmesankäse dazugibt und das Gericht im Backofen fertiggart.*

Mafaldine mit Hummer, Mangold und brauner Butter

Portionen: 2
Arbeitszeit: etwa 30 Minuten
Gesamtzeit: etwa 1 Stunde

Kal. **430**
Joule **1805**
Prot. **25 g**
Chol. **105 mg**
Fett insg. **15 g**
Ges. Fetts. **7 g**
Natr. **425 mg**

- *125 g Mafaldine (oder andere Bandnudeln mit gewelltem Rand)*
- *1 lebender Hummer (etwa 600 g)*
- *1 Zitrone oder Limette, halbiert*
- *250 g Mangold, gewaschen, entstielt und in gut 1 cm breite Streifen geschnitten*
- *30 g Butter*
- *Frisch gemahlener schwarzer Pfeffer*

Einen großen Topf 3 cm hoch mit Wasser füllen. Das Wasser zum Kochen bringen und den Hummer hineinsetzen. Den Deckel fest auflegen und den Hummer etwa 10 Minuten dämpfen, bis er sich hell-orangerot färbt. Den Hummer aus dem Topf nehmen und auf eine Platte legen, um den Saft aufzufangen. Den Sud nicht weggießen. Dann etwa 2 l Wasser in den Topf geben und die Flüssigkeit zum Kochen bringen.

Den Hummer über die Platte halten und den Schwanz durch Drehen vom Kopfteil abtrennen, ebenso die Scheren. Panzer und Scheren knacken, das Fleisch herauslösen und in dünne Scheiben schneiden. Schalen und Hummersaft in den Topf mit der kochenden Flüssigkeit geben, die Schalen 10 Minuten mitkochen, dann mit einem Schaumlöffel herausnehmen und wegwerfen. Eine halbe Zitrone oder Limette auspressen und den Saft in den Topf gießen. Die Mafaldine dazugeben und den Deckel auflegen. Wenn die Flüssigkeit wieder kocht, den Deckel abnehmen. Nach 11 Minuten die erste Garprobe machen – die Nudeln kochen, bis sie gar, aber noch *al dente* sind.

Während die Nudeln kochen, 8 cl von dem Nudelwasser in einer großen, schweren Pfanne zum Simmern bringen. Die Mangoldstreifen dazugeben und unter gelegentlichem Rühren garen, bis die gesamte Flüssigkeit eingekocht und der Mangold vollkommen zusammengefallen ist. Die Butter in einem kleinen, schweren Topf bei mittlerer Hitze nußbraun werden lassen – wenn sie nicht mehr schäumt, darauf achten, daß sie nicht schwarz wird. Das Hummerfleisch auf dem Mangold in der Pfanne verteilen, die verbliebene halbe Zitrone oder Limette auspressen und den Saft über das Fleisch gießen.

Die gegarten Nudeln abgießen, abtropfen lassen und in die Pfanne geben. Etwas pfeffern, die Butter darübergießen und alles gut mischen. Das Gericht sofort servieren.

Fettuccine mit Garnelen

Portionen: 4
Arbeitszeit: etwa 20 Minuten
Gesamtzeit: etwa 1 Stunde

Kal. **495**
Joule **2080**
Prot. **23 g**
Chol. **135 mg**
Fett insg. **20 g**
Ges. Fetts. **6 g**
Natr. **390 mg**

250 g Fettuccine
45 g Butter
1 Zwiebel, feingehackt
35 cl Bier
1 Lorbeerblatt
2 EL Sonnenblumenöl
500 g große frische Garnelen, geschält und Darm entfernt, die Schalen aufbewahrt
1 Knoblauchzehe, feingehackt
1 EL Chilipulver
¼ TL Salz
Frisch gemahlener schwarzer Pfeffer
⅓ Avocado, geschält und in dünne Scheiben geschnitten

Für die Zubereitung der Sauce die Butter bei mittelhoher Temperatur in einem schweren Topf zerlassen. Die Zwiebelstücke dazugeben und in etwa 2 Minuten glasig dünsten. Bier, Lorbeerblatt und die beiseite gestellten Garnelenschalen hinzufügen und die Flüssigkeit zum Simmern bringen. Auf schwache Hitze reduzieren, den Deckel auflegen und alles 20 Minuten simmern lassen.

Die Fettuccine in 3 l kochendes Wasser mit 1½ TL Salz geben. Nach 8 Minuten abgießen, in einem Durchschlag abtropfen lassen und beiseite stellen – die Nudeln sind dann noch nicht ganz gar.

Den Sud mit den Garnelenschalen durch ein Sieb gießen, feste Bestandteile wegwerfen und die Flüssigkeit – etwas mehr als ¼ l – wieder in den Topf gießen. Die beiseite gestellten Fettuccine nun in die Flüssigkeit geben und zugedeckt etwa 4 Minuten simmern lassen, bis sie gar, aber noch *al dente* sind.

Während die Nudeln fertigkochen, das Öl bei mittelhoher Temperatur in einer großen, schweren Pfanne erhitzen. Die Garnelen dazugeben und unter gelegentlichem Rühren 1 bis 2 Minuten braten, bis das Fleisch fest und undurchsichtig ist. Den Knoblauch hineinrühren und alles noch einmal 30 Sekunden garen. Die Garnelen mit Chilipulver, ¼ TL Salz und etwas Pfeffer würzen.

Die Avocadoscheiben mit den Nudeln vermengen, auf eine vorgewärmte Platte geben und die Garnelen darauf verteilen. Das Gericht sofort servieren.

Fettuccine mit Huhn in Petersiliensauce

Portionen: 4
Arbeitszeit: etwa 25 Minuten
Gesamtzeit: etwa 30 Minuten

Kal. **400**
Joule **1680**
Prot. **23 g**
Chol. **50 mg**
Fett insg. **13 g**
Ges. Fetts. **5 g**
Natr. **305 mg**

250 g Fettuccine

1 EL Sonnenblumenöl

Schale von 1 ungespritzten Zitrone, in feine Streifen geschnitten

1 TL feingehackte frische Ingwerwurzel

1 TL Zucker

¼ TL Salz

¼ l ungesalzene Hühnerbrühe

30 g Butter

250 g Hühnerbrust ohne Haut und Knochen, in etwa 2 cm große Würfel geschnitten

2 Schalotten, feingehackt

2 Bund Petersilie, entstielt (etwa 90 g)

Das Öl und die in Streifen geschnittene Zitronenschale in einen Topf geben und bei mittlerer Temperatur 4 Minuten andünsten. Die Ingwerwurzel, den Zucker und eine Prise Salz hinzufügen und die Mischung unter häufigem Rühren 3 Minuten garen. Die Brühe dazugießen und die Flüssigkeit in 5 bis 7 Minuten auf ⅛ l einkochen.

Die Fettuccine in 3 l kochendes Wasser mit 1½ TL Salz geben. Nach 10 Minuten die erste Garprobe machen – die Nudeln sollen *al dente* sein.

Während die Nudeln garen, 1 EL Butter in einer großen, schweren Pfanne bei mittelstarker Hitze zerlassen. Die Hühnerfleischwürfel und die gehackten Schalotten hinzufügen und unter häufigem Rühren etwa 3 Minuten anbraten, bis das Fleisch leicht gebräunt ist. Die Zitronenschale-Ingwer-Mischung unterrühren und alles noch einmal 1 Minute sautieren. Die Petersilie dazugeben und unter Rühren weitere 3 Minuten garen.

Die Nudeln abgießen, abtropfen lassen und in eine Form mit Deckel füllen. Den restlichen Eßlöffel Butter in die Sauce schlagen und die Sauce unter die Nudeln mischen. Das Gericht zugedeckt 5 Minuten stehenlassen, damit die Aromen der verschiedenen Zutaten miteinander verschmelzen; zwischendurch einmal umrühren.

Rotine mit Geflügelleber, Zwiebeln und Zuckerschoten

Portionen: 4
Arbeits- und Gesamtzeit: etwa 35 Minuten

Kal. **375**
Joule **1575**
Prot. **15 g**
Chol. **130 mg**
Fett insg. **12 g**
Ges. Fetts. **3g**
Natr. **265 mg**

250 g Rotine (oder andere spiralfömige Nudeln)
2 EL kaltgepreßtes Olivenöl
125 g Hühnerleber, gesäubert und in gut 1 cm große Stücke geschnitten
¼ TL Salz
2 Zwiebeln, in dünne Scheiben geschnitten
4 EL Apfelessig
15 g Butter
250 g kleine Zuckerschoten, gewaschen und geputzt
Frisch gemahlener schwarzer Pfeffer

In einer großen, schweren oder beschichteten Pfanne 1 EL Öl bei mittelhoher Temperatur erhitzen. Die Hühnerleber unter ständigem Rühren in 30 bis 45 Sekunden braun braten. Mit einer Prise Salz bestreuen, die Stücke aus der Pfanne nehmen und beiseite stellen.

Die Pfanne ungesäubert auf die Kochstelle zurücksetzen und den verbliebenen Eßlöffel Öl hineingeben. Die Zwiebelscheiben hinzufügen und unter Rühren mit Essig ablöschen. Die Zwiebeln unter häufigem Rühren in etwa 15 Minuten goldbraun braten.

In der Zwischenzeit die Rotine in 3 l kochendes Wasser mit 1½ TL Salz geben. Nach 8 Minuten die erste Garprobe machen – die Nudeln nur so lange kochen, bis sie zwar gar, aber noch *al dente* sind.

Während die Rotine garen, die Butter bei mittlerer Temperatur in einer Pfanne zerlassen. Die Zuckerschoten hinzufügen und etwa 5 Minuten sautieren, bis sie weich sind. Mit dem restlichen Salz und etwas Pfeffer würzen. Die Nudeln abgießen, abtropfen lassen und zu den Zwiebeln in die Pfanne geben. Die beiseite gestellte Leber und die Zuckerschoten hinzufügen, alles gut mischen und das Gericht sofort in einer vorgewärmten Schüssel servieren.

Spaghetti mit Räucherlachs und Brunnenkresse

Portionen: 4
Arbeits- und Gesamtzeit: etwa 15 Minuten

Kal. **245**
Joule **1030**
Prot. **10 g**
Chol. **3 mg**
Fett insg. **3 g**
Ges. Fetts. **0 g**
Natr. **215 mg**

250 g Spaghetti
1½ TL kaltgepreßtes Olivenöl
1 Knoblauchzehe, feingehackt
60 g Räucherlachs, in feine Streifen geschnitten
1 Bund Brunnenkresse, gewaschen und entstielt
Frisch gemahlener schwarzer Pfeffer

Die Spaghetti in einen großen Topf mit 3 l kochendem Wasser und 1½ TL Salz geben. Nach 8 Minuten die erste Garprobe machen – die Nudeln kochen, bis sie gar, aber noch *al dente* sind.

Kurz bevor die Spaghetti fertiggegart sind, das Öl bei mittlerer Temperatur in einer großen, schweren Pfanne erhitzen. Den Knoblauch dazugeben und unter ständigem Rühren etwa 30 Sekunden anbraten. Anschließend die Lachsstreifen, die Brunnenkresse und den Pfeffer hinzufügen und alles noch einmal 30 Sekunden sautieren, dann die Pfanne von der Kochstelle nehmen.

Die Spaghetti abgießen, abtropfen lassen und in die Pfanne geben. In der Sauce schwenken und sofort auf einer vorgewärmten Platte servieren.

Farfalle mit Brokkoli in roter Sauce

Portionen: 4
Arbeitszeit: etwa 15 Minuten
Gesamtzeit: etwa 25 Minuten

Kal. **285**
Joule **1195**
Prot. **11 g**
Chol. **4 mg**
Fett insg. **6 g**
Ges. Fetts. **2 g**
Natr. **350 mg**

250 g Farfalle (oder andere phantasievoll geformte Nudeln)
1 EL kaltgepreßtes Olivenöl
1 Knoblauchzehe, feingehackt
2 rote Paprikaschoten, entkernt und Rippen entfernt, grobgehackt
¼ TL Salz
¼ l ungesalzene Hühnerbrühe
75 g Brokkoliröschen, 2 Minuten in kochendem Wasser blanchiert und unter fließendem kaltem Wasser abgeschreckt
1 EL gehacktes frisches oder 1 TL getrocknetes Basilikum
½ EL gehackter frischer oder ½ TL getrockneter Oregano
Frisch gemahlener schwarzer Pfeffer
4 EL frisch geriebener Parmesankäse

Das Öl in einer großen, schweren Pfanne bei mittlerer Temperatur erhitzen. Den Knoblauch hinzufügen und unter ständigem Rühren 30 Sekunden anbraten. Die gehackten Paprikaschoten, Salz und Hühnerbrühe dazugeben. Alles 7 bis 8 Minuten simmern lassen, bis die Flüssigkeit auf etwa 6 EL eingekocht ist.

In der Zwischenzeit die Farfalle in 3 l kochendes Wasser mit 1½ TL Salz geben. Nach 8 Minuten die erste Garprobe machen – die Nudeln sollten *al dente* sein. Abtropfen lassen und in eine Schüssel füllen.

Die Paprikaschotenmischung im Mixer pürieren. Die Sauce durch ein Sieb zurück in die Pfanne gießen. Brokkoliröschen, Basilikum, Oregano, Pfeffer und Parmesankäse unterrühren. Die Sauce 2 bis 3 Minuten simmern lassen, unter die Nudeln mischen und das Gericht servieren.

Conchiglie mit Jakobsmuscheln

Portionen: 6
Arbeits- und Gesamtzeit: etwa 25 Minuten

Kal. **300**
Joule **1260**
Prot. **18 g**
Chol. **40 mg**
Fett insg. **9 g**
Ges. Fetts. **4 g**
Natr. **460 mg**

250 g mittelgroße Conchiglie
1 EL Sonnenblumenöl
1 kleine Zwiebel, feingehackt
2 EL Mehl
35 cl ungesalzene Hühner- oder Fischbrühe
4 EL Sahne
1 Messerspitze geriebene Muskatnuß
¼ TL Salz
¼ TL frisch gemahlener weißer Pfeffer
350 g Jakobsmuscheln, gegebenenfalls den an der Seite sitzenden Muskel entfernt
4 EL frische Weißbrotkrumen
60 g frisch geriebener Parmesankäse
¼ TL Paprika
Petersilienstengel zum Garnieren

Die Muschelnudeln in 3 l kochendes Wasser mit 1½ TL Salz geben. Nach 8 Minuten die erste Garprobe machen – die Nudeln sollten gar, aber noch bißfest sein.

In der Zwischenzeit für die Zubereitung der Sauce das Öl bei mittlerer Hitze in eine feuerfeste Form gießen. Die gehackte Zwiebel hinzufügen und in etwa 3 Minuten glasig dünsten. Das Mehl dazugeben und unter ständigem Rühren 2 Minuten anschwitzen. Die Form von der Kochstelle nehmen. Brühe und Sahne langsam unterschlagen und die Sauce rühren, bis sie glatt ist. Mit Muskat, Salz und Pfeffer abschmecken. Den Grill vorheizen.

Die Nudeln abgießen, abtropfen lassen und zusammen mit den Jakobsmuscheln in die Sauce geben. Auflaufform wieder auf die Kochstelle setzen und die Sauce zum Simmern bringen. Den Deckel auflegen und alles 2 bis 3 Minuten simmern lassen, bis das Muschelfleisch nicht mehr durchsichtig ist.

Zum Servieren des Gerichtes die Saucenspritzer – sofern vorhanden – vom inneren Formrand abwischen. Dann Weißbrotkrumen, Käse und Paprika auf das Gericht streuen und in etwa 2 Minuten im Grill goldbraun überbacken. Mit der Petersilie garnieren und heiß servieren.

Rigatoni mit roten Kartoffeln und Radicchio

Portionen: 6 (als Vorspeise)
Arbeits- und Gesamtzeit: etwa 45 Minuten

Kal. **275**
Joule **1155**
Prot. **7 g**
Chol. **0 mg**
Fett insg. **10 g**
Ges. Fetts. **1 g**
Natr. **100 mg**

250 g Rigatoni (oder mittelgroße Muschelnudeln)
3 große ungeschälte rotschalige Kartoffeln (etwa 250 g), saubergebürstet und in je 8 Stücke geschnitten
4 EL kaltgepreßtes Olivenöl
250 g Spinat, gewaschen, entstielt und zu einer Kugel zusammengedrückt, um das Wasser herauszupressen
2 Knoblauchzehen, feingehackt
125 g Radicchio, in größere Stücke zerpflückt
2 EL Dijon-Senf
2 EL Rotweinessig
4 EL gehacktes frisches Basilikum
2 Bund Frühlingszwiebeln, geputzt und in 3 cm große Stücke geschnitten
Frisch gemahlener schwarzer Pfeffer

In einem großen Topf 3 l Wasser mit 1½ TL Salz zum Kochen bringen. Die Rigatoni in das kochende Wasser geben. Nach 13 Minuten die erste Garprobe machen – die Nudeln sollten gar, aber noch bißfest sein.

Während die Rigatoni kochen, einen Topf 3 cm hoch mit Wasser füllen. ½ TL Salz hinzufügen, einen Dämpfeinsatz in den Topf stellen und das Wasser zum Kochen bringen. Die Kartoffelstücke hineingeben, den Deckel auflegen und die Kartoffeln etwa 8 Minuten dämpfen. Um festzustellen, ob sie weich sind, mit der Spitze eines dünnen Messers hineinstechen. Dann die Kartoffelstücke in eine große Schüssel geben.

Die fertigen Nudeln abgießen, abtropfen lassen, zu den Kartoffeln in die Schüssel geben und 1 EL Öl dazugießen. Nudeln und Kartoffelstücke gut im Öl schwenken.

In einer großen, schweren Pfanne einen weiteren Eßlöffel Öl bei mittelhoher Temperatur erhitzen. Spinat und Knoblauch in das heiße Öl geben und unter ständigem Rühren 30 Sekunden sautieren. Den Radicchio hinzufügen und alles noch einmal 30 Sekunden garen, bis der Spinat zusammengefallen ist. Den Pfanneninhalt zu den Nudeln und Kartoffeln in die Schüssel geben.

Senf und Essig in einer kleinen Schüssel verschlagen. Die restlichen 2 EL Öl mit dem Schneebesen unterrühren und diese Mischung über die Nudeln gießen. Basilikum, Frühlingszwiebelstücke und etwas Pfeffer dazugeben, alles gut vermengen und servieren.

ANMERKUNG: *Dieses Gericht kann – je nach Geschmack oder Anlaß – warm, kalt oder gekühlt serviert werden.*

Capellini mit kalter Tomatensauce und Oliven

Portionen: 6 (als Vorspeise)
Arbeitszeit: etwa 20 Minuten
Gesamtzeit: etwa 1 Stunde

Kal. **190**
Joule **800**
Prot. **6 g**
Chol. **0 mg**
Fett insg. **4 g**
Ges. Fetts. **0 g**
Natr. **190 mg**

250 g Capellini (oder andere dünne Spaghetti)
3 große, reife Tomaten, abgezogen, entkernt und gehackt
4 Knoblauchzehen, feingehackt
5 entsteinte schwarze Oliven, feingehackt
1 kleine scharfe Chilischote, entkernt, Rippen entfernt und feingehackt (Anmerkung S. 33)
1 EL kaltgepreßtes Olivenöl
Saft von 1 Limette
1 EL gehackte frische Korianderblätter
1 Prise Salz
Frisch gemahlener schwarzer Pfeffer

Die gehackten Tomaten in ein Sieb über einer großen Schüssel geben, in den Kühlschrank stellen und die Tomaten mindestens 30 Minuten abtropfen lassen.

Für die Nudeln 3 l Wasser mit 1½ TL Salz zum Kochen bringen. Währenddessen in einer Schüssel den gehackten Knoblauch, die Oliven- und Chilischotenstücke, das Öl, den Limettensaft, die gehackten Korianderblätter, Salz und Pfeffer mischen und in den Kühlschrank stellen.

Die Capellini in das kochende Wasser geben. Nach 3 Minuten die erste Garprobe machen – die Nudeln sollten gar, aber noch bißfest sein.

Während die Nudeln kochen, die Knoblauchmischung mit den abgetropften Tomaten vermengen. Den Tomatensaft für eine andere Verwendung aufbewahren. Die Nudeln abgießen, abtropfen lassen, in eine Schüssel füllen und sofort mit der Sauce vermischen.

Cavatappi mit Spinat und Schinken

Portionen: 4
Arbeitszeit: etwa 25 Minuten
Gesamtzeit: etwa 35 Minuten

Kal. **330**
Joule **1385**
Prot. **13 g**
Chol. **35 mg**
Fett insg. **11 g**
Ges. Fetts. **5 g**
Natr. **360 mg**

250 g Cavatappi (oder andere kurze Hohlnudeln)
10 g Butter
1 kleine Zwiebel, feingehackt
2 Knoblauchzehen, feingehackt
½ l ungesalzene Hühnerbrühe
4 EL trockener Wermut
4 EL Sahne
1 Lorbeerblatt
Geriebene Muskatnuß
Frisch gemahlener schwarzer Pfeffer
60 g gekochter magerer Schinken, in feine Streifen geschnitten
500 g frischer Spinat, gewaschen und entstielt

Die Butter in einer großen, säurebeständigen Pfanne bei mittelstarker Hitze zerlassen. Dann die Zwiebel- und Knoblauchstücke hinzufügen und in etwa 5 Minuten glasig dünsten. Anschließend die Hühnerbrühe, den Wermut, Sahne, Lorbeerblatt, ein wenig Muskatnuß und etwas Pfeffer dazugeben und alles 10 bis 15 Minuten kochen, bis die Flüssigkeit auf etwa ¼ l reduziert ist.

Während die Flüssigkeit einkocht, die Nudeln in 3 l kochendes Wasser mit 1½ TL Salz geben. Nach 10 Minuten die erste Garprobe machen – die Nudeln kochen, bis sie gar, aber noch bißfest sind.

Etwa 3 Minuten bevor die Cavatappi fertig sind, das Lorbeerblatt aus der Pfanne nehmen und wegwerfen. Schinkenstreifen und Spinat in die Pfanne rühren, dann den Deckel auflegen und den Spinat 3 Minuten dämpfen. Den Deckel abnehmen und die Mischung noch einmal 30 Sekunden unter Rühren garen, bis der Spinat vollkommen zusammengefallen ist. Den Herd ausschalten.

Die Nudeln abgießen, abtropfen lassen und sofort unter die Spinat-Schinken-Mischung heben. Das Gericht 1 Minute stehenlassen und vor dem Servieren noch einmal gründlich durchrühren.

Eiernudeln mit Weißkohl und Kümmel

Portionen: 6 (als Beilage)
Arbeitszeit: etwa 15 Minuten
Gesamtzeit: etwa 50 Minuten

Kal. **165**
Joule **695**
Prot. **5 g**
Chol. **30 mg**
Fett insg. **4 g**
Ges. Fetts. **2 g**
Natr. **155 mg**

175 g breite Eiernudeln
2 Zwiebeln, in Scheiben geschnitten
6 EL Apfelessig
1½ EL Butter
¾ TL Kümmel
¼ TL Salz
350 g Weißkohl, Strunk entfernt, in 3 cm breite Streifen geschnitten
1 EL Paprika, vorzugsweise rosenscharf
1 TL dunkler brauner Zucker
Frisch gemahlener schwarzer Pfeffer

In einen großen Topf ¾ l Wasser gießen. Zwiebelscheiben, Essig, Butter, Kümmel und Salz hinzufügen und die Mischung unter häufigem Rühren 5 Minuten kochen. Auf mittelschwache Hitze herunterschalten, dann Kohlstreifen, Paprika und den braunen Zucker hineinrühren. Den Deckel auflegen und alles 35 Minuten garen – während dieser Zeit dreimal umrühren. Gegebenenfalls noch etwas Wasser dazugießen, damit sich stets ungefähr 1 cm hoch Flüssigkeit im Topf befindet.

Etwa 5 Minuten bevor der Kohl fertig ist, die Nudeln in 2 l kochendes Wasser mit 1 TL Salz geben und 5 Minuten garen – sie sind dann noch nicht ganz gar. Abgießen, abtropfen lassen und zusammen mit etwas Pfeffer zu der Kohlmischung hinzufügen. Alles 5 bis 7 Minuten bei mittelschwacher Hitze unter gelegentlichem Rühren garen, bis die gesamte Flüssigkeit eingekocht ist und die Nudeln gar, aber noch *al dente* sind.

Mafaldine mit Huhn

Portionen: 4
Arbeitszeit: etwa 20 Minuten
Gesamtzeit: etwa 1 Stunde

Kal. **465**
Joule **1955**
Prot. **32 g**
Chol. **90 mg**
Fett insg. **8 g**
Ges. Fetts. **2 g**
Natr. **200 mg**

250 g Mafaldine
6 Hühnerunterschenkel, enthäutet und entbeint, das Fleisch in 3 cm große Stücke geschnitten
1/8 TL Cayennepfeffer
1/4 TL gemahlene Nelken
1/4 TL gemahlener Zimt
1/4 TL gemahlener Kardamom
1/4 TL gemahlener Kreuzkümmel
1 TL gemahlene Kurkuma
1 EL kaltgepreßtes Olivenöl
1 große Zwiebel, feingehackt
4 Knoblauchzehen, zerdrückt
1/4 TL Salz
35 cl ungesalzene Hühnerbrühe
1 Mango, geschält, das Fruchtfleisch gewürfelt
30 g Rosinen
2 El feingehackte Petersilie

Das in Stücke geschnittene Hühnerfleisch in eine Rührschüssel geben, die Gewürze darüberstreuen und die Stücke darin wenden. Die Schüssel mit Klarsichtfolie abdecken und das Fleisch mindestens 30 Minuten bei Raumtemperatur ziehen lassen.

Das Öl bei mittlerer Temperatur in einer großen, schweren Bratpfanne erhitzen. Die Zwiebelstückchen und den zerdrückten Knoblauch hinzufügen und unter ständigem Rühren in etwa 3 Minuten glasig dünsten.

Das Hühnerfleisch aus der Marinade nehmen, mit Küchenkrepp trockentupfen und salzen. Die Stücke in die Pfanne geben und unter häufigem Wenden etwa 5 Minuten braten, bis sie leicht gebräunt sind. Die Hühnerbrühe in die Pfanne gießen und zum Kochen bringen. Die Mangowürfel und die Rosinen hinzufügen. Die Hitze reduzieren, dann den Deckel halb auflegen und den Pfanneninhalt 20 Minuten leicht simmern lassen.

In der Zwischenzeit die Malfadine in 3 l kochendem Wasser mit 1½ TL Salz garen. Etwa 10 Minuten kochen, bis die Nudeln gar, aber noch *al dente* sind.

Die Mafaldine gut abtropfen lassen und in eine große vorgewärmte Servierschüssel füllen. Die Hühnerfleisch-Mischung und die Petersilie vorsichtig darunterheben und das Gericht sofort servieren.

Salat von Spinatnudeln und Hühnerfleisch

Portionen: 4
Arbeits- und Gesamtzeit: etwa 40 Minuten

Kal. **320**
Joule **1345**
Prot. **22 g**
Chol. **35 mg**
Fett insg. **3 g**
Ges. Fetts. **1 g**
Natr. **270 mg**

250 g mittelgroße grüne Conchiglie (Muschelnudeln)
250 g Hühnerbrust ohne Haut und Knochen, in etwa 3 cm große Quadrate geschnitten
¼ TL Salz
Frisch gemahlener schwarzer Pfeffer
2 große Schalotten, in dünne Scheiben geschnitten
½ TL gemahlener Zimt
750 g reife Tomaten, abgezogen, entkernt und gehackt
Schale von 1 ungespritzten Orange, in dünne Streifen geschnitten

Das Hühnerfleisch in einer tiefen, feuerfesten Form von etwa 25 cm Durchmesser verteilen und anschließend salzen und pfeffern. Die Schalottenscheiben gleichmäßig darüber verteilen und dann den Zimt darüberstreuen. Alles mit den gehackten Tomaten überziehen und darauf die in feine Streifen geschnittene Orangenschale geben. Die Form fest mit Alufolie abdecken.

Einen Topf von ungefähr 20 cm Durchmesser zu etwa einem Drittel mit Wasser füllen. Das Wasser erhitzen, bis es leise kocht. Dann die abgedeckte Form wie einen Deckel auf den Topf setzen und das Hühnerfleisch über dem Wasserdampf garen. Nach 5 Minuten eine Garprobe machen. Ist das Fleisch in der Mitte noch rosa, die Form wieder abdecken und das Hühnerfleisch weitergaren, bis es auch innen hell ist und sich beim Daraufdrücken fest, aber elastisch anfühlt. Die Form vom Topf nehmen und die Alufolie entfernen.

Während das Hühnerfleisch gart, die Muschelnudeln in 3 l kochendes Wasser mit 1½ TL Salz geben. Nach 12 Minuten die erste Garprobe machen – die Nudeln nur kochen, bis sie gar, aber noch *al dente* sind.

Abgießen, abtropfen lassen und in eine vorgewärmte Schüssel füllen. Die Hühnerfleisch-Tomaten-Sauce dazugeben und mit den Nudeln mischen. Das Gericht heiß oder kalt (aber ungekühlt) servieren.

Makkaroni-Salat

Kal. **240**
Joule **1008**
Prot. **17 g**
Chol. **5 mg**
Fett insg. **8 g**
Ges. Fetts. **2 g**
Natr. **400 mg**

Portionen: 6
Arbeits- und Gesamtzeit: etwa 30 Minuten

250 g Gobbetti (kurze Makkaroni)
1 EL Sonnenblumenöl
1 Knoblauchzehe, zerdrückt
100 g frische enthülste oder tiefgefrorene Erbsen
100 g frischer oder tiefgefrorener Zuckermais
100 g Prinzeßbohnen, geputzt und in erbsengroße Stücke geschnitten
¼ TL Salz
Frisch gemahlener schwarzer Pfeffer
1 TL feingehackter frischer oder ½ TL getrockneter Thymian
¼ l ungesalzene Hühnerbrühe
1½ EL Weißweinessig
1 kleine Chilischote, entkernt und Rippen entfernt, feingehackt (Anmerkung S. 33)
100 g magerer Schinken, gehackt
1 großer römischer Salat, geputzt und gewaschen

Garnierung

1 große Tomate, enthäutet, entkernt und feingehackt
2 große Frühlingszwiebeln, geputzt und in dünne Scheiben geschnitten
1 EL feingehacktes frisches oder ½ EL getrocknetes Basilikum

Die Makkaroni in 3 l kochendem Wasser mit 1½ TL Salz geben und nach 8 Minuten die erste Garprobe machen; die Nudeln so lange kochen, bis sie gar, aber noch bißfest sind. Abgießen, abtropfen lassen und kurz mit kaltem Wasser abspülen. Die Makkaroni wiederum gut abtropfen lassen und zum Nachtrocknen auf einem sauberen Geschirrtuch ausbreiten.

Das Öl bei mittlerer Temperatur in einer großen, schweren Bratpfanne erhitzen. Die zerdrückte Knoblauchzehe dazugeben und etwa 30 Sekunden andünsten. Erbsen Zuckermais, die in Stücke geschnittenen Prinzeßbohnen, Salz, Pfeffer, Thymian und Hühnerbrühe hinzufügen. Die Flüssigkeit zum Simmern bringen und etwa 10 Minuten leise kochen lassen, bis die Brühe um zwei Drittel reduziert ist. Anschließend das Ganze abkühlen lassen.

In der Zwischenzeit den Essig und die feingehackte Chilischote in eine kleine Schüssel geben und 5 Minuten ziehen lassen, damit der Essig den Chilieschoten etwas von ihrer Schärfe nimmt.

Die Makkaroni in eine große Rührschüssel füllen und die Chili-Essig- sowie die Gemüsemischung mit der Brühe hinzufügen. Den gehackten Schinken dazugeben und alles gut miteinander vermengen.

Eine große Servierschüssel mit römischen Salatblättern auslegen, den Nudelsalat darin anrichten und mit der gehackten Tomate, den Frühlingszwiebelscheiben und dem Basilikum garnieren.

Eiernudeln mit Möhren, Zuckerschoten und Lammfleisch

Portionen: 4
Arbeits- und Gesamtzeit: etwa 40 Minuten

Kal. **500**
Joule **2100**
Prot. **20 g**
Chol. **85 mg**
Fett insg. **23 g**
Ges. Fetts. **10 g**
Natr. **295 mg**

250 g dünne Eiernudeln

2 TL Honig

2 EL Limettensaft

1½ TL Curry

2 EL kaltgepreßtes Olivenöl

250 g mageres Lammfleisch ohne Knochen, in etwa 2 cm lange und ½ cm breite Streifen geschnitten

1 Knoblauchzehe, feingehackt

¼ TL Salz

4 Frühlingszwiebeln, geputzt und in dünne Scheiben geschnitten, weiße und grüne Teile getrennt

⅛ l ungesalzene Hühnerbrühe

1 große Möhre, geschält, längs halbiert und schräg in sehr dünne Halbmonde geschnitten

125 g Zuckerschoten, gewaschen und geputzt, die Schoten schräg in jeweils 3 Stücke geschnitten

In einer kleinen Schüssel Honig, Limettensaft und Curry mischen und beiseite stellen. Die Nudeln in 3 l kochendes Wasser mit 1½ TL Salz geben. Nach 5 Minuten die erste Garprobe machen – die Nudeln kochen, bis sie gar, aber noch bißfest sind. Abgießen, abtropfen lassen, in eine große Schüssel füllen und in 1 EL Öl schwenken.

Den verbliebenen Eßlöffel Olivenöl bei mittelhoher Temperatur in eine große, schwere Pfanne gießen. Wenn das Öl heiß ist, die Lammfleischstreifen dazugeben und unter ständigem Rühren etwa 30 Sekunden anbraten. Knoblauch, eine Prise Salz, die weißen Teile der Frühlingszwiebeln und die Honigmischung hineinrühren. Alles unter ständigem Rühren noch einmal 30 Sekunden sautieren. Die Mischung zu den Nudeln in die Schüssel geben und gut untermengen. Die Pfanne nicht abwaschen.

Die Pfanne bei mittelhoher Temperatur zurück auf die Kochstelle setzen. Die Brühe hineingießen, dann die Möhrenstücke und das restliche Salz dazugeben. Die Mischung etwa 3 Minuten kochen, dabei karamelisierte Rückstände vom Pfannenboden ablösen. Die Zuckerschoten hinzufügen und alles unter ständigem Rühren noch 1 Minute garen. Die Mischung in die Schüssel mit den Nudeln geben, den Frühlingszwiebellauch darüberstreuen und alles gut mischen. Dieses Gericht kann je nach Geschmack und Anlaß kalt oder warm serviert werden.

Kal. **190**
Joule **800**
Prot. **6 g**
Chol. **45 mg**
Fett insg. **5 g**
Ges. Fetts. **2 g**
Natr. **200 mg**

Weizenvollkornnudeln mit Kaviarsauce

Portionen: 6
Arbeits- und Gesamtzeit: etwa 25 Minuten

Kal. **245**
Joule **1030**
Prot. **12 g**
Chol. **90 mg**
Fett insg. **11 g**
Ges. Fetts. **3 g**
Natr. **460 mg**

250 g Weizenvollkornnudeln, vorzugsweise spiralförmig gedrehte (Gemelli oder Rotine)
1 EL kaltgepreßtes Olivenöl
1 große Zwiebel, feingehackt
175 g fettarmer Joghurt
⅛ l saure Sahne
100 g deutscher Kaviar (Seehasenrogen)
2 El feingehackte Petersilie
Frisch gemahlener schwarzer Pfeffer
Brunnenkresse zum Garnieren

Die Vollkornnudeln in 3 l kochendem Wasser garen. Nach 10 Minuten die erste Garprobe machen – die Nudeln kochen, bis sie gar, aber noch bißfest sind.

Etwa 5 Minuten bevor die Pasta fertiggegart ist, das Öl in einer großen, schweren Bratpfanne erhitzen und die gehackte Zwiebel hinzufügen. Die Stückchen etwa 3 Minuten leicht andünsten, bis sie glasig, aber noch fest sind. Dann den Joghurt und die saure Sahne einrühren und langsam erhitzen – die Sauce darf aber nicht kochen, sonst flockt sie aus.

Etwas Kaviar zum Garnieren beiseite stellen, den Rest mit der gehackten Petersilie in die Sauce rühren und mit Pfeffer abschmecken.

Die fertiggegarten Nudeln abgießen, auf einem Durchschlag abtropfen lassen und die Pasta behutsam mit der Sauce vermengen. Das Gericht auf einer vorgewärmten Servierplatte mit dem restlichen Kaviar und der Brunnenkresse anrichten und sofort servieren.

Kürbis-Terrine mit Eiernudeln

Portionen: 12 (als Beilage)
Arbeitszeit: etwa 40 Minuten
Gesamtzeit: etwa 1 Stunde und 15 Minuten

300 g Eierbandnudeln
¾ TL Salz
½ TL gemahlener Zimt
½ TL gemahlener Koriander
1 TL gemahlenes Piment
Frisch gemahlener schwarzer Pfeffer
1250 g Butternuß-Kürbis (oder anderer gelbfleischiger Gemüsekürbis), geschält, längs halbiert und entkernt, in etwa ½ cm dicke Scheiben geschnitten
2 EL Sonnenblumenöl
1 Zwiebel, feingehackt
1 Ei und 3 Eiweiß, leicht verquirlt
15 g Butter

Den Backofen auf 180° C (Gasherd Stufe 2–3) vorheizen. Salz, Gewürze und etwas schwarzen Pfeffer in einer kleinen Schüssel mischen. Die Kürbisscheiben mit 1 EL Öl bepinseln und anschließend nebeneinander auf einem Backblech verteilen. Mit der Hälfte der Gewürzmischung bestreuen und für etwa 15 Minuten in den Backofen schieben, bis der Kürbis weich ist.

Während das Kürbisfleisch gart, 2 l Wasser mit 1 TL Salz zum Kochen bringen. Den restlichen Eßlöffel Öl bei mittlerer Hitze in eine Pfanne gießen. Anschließend die gehackte Zwiebel und etwas Pfeffer hinzufügen und die Zwiebeln unter häufigem Rühren in etwa 7 Minuten glasig dünsten. In der Zwischenzeit die Nudeln in das kochende Wasser geben und etwa 7 Minuten garen; die Pasta sollte *al dente* sein.

Die Nudeln abgießen, abtropfen lassen und wieder in den Topf füllen. Ei und Eiweiß zusammen mit der restlichen Gewürzmischung zu den Nudeln geben. Butter, 4 EL Wasser sowie die Zwiebelstücke hinzufügen und rühren, bis die Butter geschmolzen ist.

Eine Kastenform (etwa 23 × 12 cm) dünn mit Butter ausstreichen. Den Boden und die Seiten mit Kürbisscheiben auslegen. Etwa ein Drittel der Scheiben für die Deckschicht beiseite stellen. Nun die Nudelmischung in die Form füllen und nach unten drücken, damit keine Zwischenräume bleiben. Die beiseite gestellten Kürbisscheiben gleichmäßig darauf verteilen und die Form mit einem Stück Pergamentpapier abdecken. Die Terrine mit einem schweren, flachen Gegenstand, wie einem Ziegelstein oder einer Auflaufform, beschweren, und dann für 35 Minuten in den Backofen schieben. Die Terrine nach beendetem Garvorgang noch 10 Minuten stehenlassen.

Um die Terrine zu stürzen, mit einem Messer an den Seiten der Kastenform entlangfahren – die Klinge dabei gegen die Form drücken. Eine Servierplatte umgedreht auf die Form legen, die Terrine stürzen und die Form vorsichtig abziehen. Die Terrine ganz oder in Scheiben geschnitten servieren. Sie schmeckt auch gekühlt gut.

Stellette mit Räucherlachs, Joghurt und Dill

Portionen: 6
Arbeits- und Gesamtzeit: etwa 25 Minuten

Kal. **200**
Joule **840**
Prot. **12 g**
Chol. **15 mg**
Fett insg. **1 g**
Ges. Fetts. **0 g**
Natr. **400 mg**

250 g Stellette (oder andere kleine Nudeln)
2 TL Dijon-Senf
2 EL gehackter frischer Dill
1 EL frischer Zitronensaft
300 g fettarmer Joghurt
Frisch gemahlener schwarzer Pfeffer
150 g Räucherlachs, in dünne lange Streifen geschnitten
Gurkenscheiben

Garnierung

2 Limetten, in Spalten geschnitten
Frischer Dill

Die Sternennudeln in 3 l kochendem Wasser mit 1½ TL Salz garen. Nach 2 Minuten die erste Garprobe machen – die Nudeln kochen, bis sie gar, aber noch *al dente* sind. Die Stellette abgießen und gut abtropfen lassen und mit kaltem Wasser abspülen, dann die Nudeln gründlich abtropfen lassen und zum Nachtrocknen auf einem sauberen Geschirrtuch ausbreiten.

In einer großen Schüssel den Senf mit dem gehackten Dill, dem Zitronensaft und dem Joghurt verrühren. Die Stellette dazugeben, alles gut vermengen und mit schwarzem Pfeffer würzen.

Die Nudeln auf einer großen Servierplatte anrichten und die Gurkenscheiben und den in Streifen geschnittenen Räucherlachs darum herum arrangieren. Das Gericht mit Limettenspalten und frischem Dill garnieren.

Teigwaren auf afghanische Art

Portionen: 6
Arbeitszeit: etwa 35 Minuten
Gesamtzeit: etwa 45 Minuten

Kal. **350**
Joule **1470**
Prot. **24 g**
Chol. **45 mg**
Fett insg. **12 g**
Ges. Fetts. **5 g**
Natr. **325 mg**

250 g breite Eiernudeln mit gewelltem Rand
250 g fettarmer Joghurt, 30 Minuten in einem mit Nessel ausgelegten Sieb abgetropft
4 EL gehackte frische oder 2 EL getrocknete Minze
2½ TL Chilipulver
1 EL frischer Zitronensaft
1 EL Sonnenblumenöl
1 Zwiebel, feingehackt
500 g mageres Rindfleisch, gehackt
½ TL Salz
1 reife Tomate, abgezogen, entkernt und gehackt
15 g Butter

Für die Zubereitung der Sauce den abgetropften Joghurt mit 3 EL frischer oder 1½ EL getrockneter Minze, ½ TL Chilipulver und dem Zitronensaft mischen.

Das Öl in einer großen, schweren Pfanne bei mittelhoher Temperatur erhitzen. Die gehackte Zwiebel dazugeben und in 3 Minuten glasig dünsten. Das Fleisch, die restlichen 2 TL Chilipulver und das Salz hinzufügen und die Mischung unter häufigem Rühren 6 Minuten sautieren. Die gehackte Tomate hineinrühren und alles noch einmal 2 Minuten garen.

In der Zwischenzeit die Eiernudeln in 3 l kochendem Wasser mit 1½ TL Salz in etwa 9 Minuten *al dente* garen. Abgießen, abtropfen lassen und wieder in den Topf füllen. Anschließend die Butter dazugeben und vorsichtig rühren, bis sie geschmolzen ist und sich vollkommen mit der Pasta vermischt hat.

Die heißen Nudeln auf einer vorgewärmten Platte verteilen, die Joghurtsauce – etwa 3 cm vom äußeren Nudelrand entfernt – ringförmig daraufgießen und die Fleischmischung in die Mitte geben. Die restliche Minze darüberstreuen und das Gericht sofort servieren.

Eiernudeln mit Mohn, Joghurt und Champignons

Portionen: 8 (als Beilage)
Arbeits- und Gesamtzeit: etwa 25 Minuten

250 g mittelbreite Eiernudeln
4 EL Sauerrahm
125 g fettarmer Joghurt
1 EL Mohn
⅛ bis ¼ TL Cayennepfeffer
2 EL kaltgepreßtes Olivenöl
250 g Champignons, geputzt, gewaschen und in dünne Scheiben geschnitten
1 Zwiebel, gehackt
¼ TL Salz
⅛ l trockener Weißwein

Kal. **195**
Joule **820**
Prot. **6 g**
Chol. **30 mg**
Fett insg. **6 g**
Ges. Fetts. **2 g**
Natr. **145 mg**

Den Sauerrahm, Joghurt, Mohn, Cayennepfeffer und 1 EL Öl in einer kleinen Schüssel mischen.

Die Eiernudeln in einen großen Topf mit 3 l kochendem Wasser und 1½ TL Salz geben und zugedeckt zum Kochen bringen. In etwa 9 Minuten bißfest kochen.

Das restliche Öl in einer großen, schweren Pfanne bei mittelhoher Temperatur erhitzen. Die Pilzscheiben und die gehackte Zwiebel hinzufügen und mit ¼ TL Salz würzen. Unter häufigem Rühren 5 bis 7 Minuten sautieren, bis Champignons und Zwiebeln rundum gebräunt sind. Anschließend den Weißwein in die Pfanne gießen und alles noch einmal unter Rühren etwa 3 Minuten garen, bis die Flüssigkeit fast vollständig eingekocht ist.

Die abgetropften Nudeln in die Pfanne geben. Sauce hinzufügen und alles gut vermengen.

Eierbandnudeln mit Spargel, Pilzen und Schinken

Portionen: 4
Arbeits- und Gesamtzeit: etwa 20 Minuten

Kal. **445**
Joule **1870**
Prot. **17 g**
Chol. **65 mg**
Fett insg. **17 g**
Ges. Fetts. **5 g**
Natr. **350 mg**

250 g Eierbandnudeln
250 g Spargel, geputzt und geschält
3 EL kaltgepreßtes Olivenöl
1 Zwiebel, feingehackt
60 g Shiitakepilze, in Scheiben geschnitten, oder 125 g kleine Champignons
2 Knoblauchzehen, feingehackt
Frisch gemahlener schwarzer Pfeffer
45 g luftgetrockneter Schinken, in ½ cm breite und 2 cm lange Streifen geschnitten
1 TL frischer Zitronensaft
15 frische Basilikumblätter
60 g Parmesankäse, frisch gerieben

Den Spargel schräg in 3 Stücke schneiden, die Stücke längs halbieren und beiseite stellen.

In einer großen, schweren Pfanne 1 EL Olivenöl bei mittelhoher Temperatur erhitzen. Die gehackte Zwiebel darin in etwa 5 Minuten glasig dünsten. Pilzscheiben, Knoblauch und etwas Pfeffer unterrühren und in weiteren 5 Minuten weichkochen. Werden Champignons verwendet, die Garzeit um 4 bis 5 Minuten verlängern, damit ein Teil der aus den Pilzen austretenden Flüssigkeit verdampft. Den Spargel dazugeben und weitere 4 bis 5 Minuten garen, bis das Gemüse weich ist. Schinken, Zitronensaft und Basilikumblätter unterrühren.

Während die Pilze garen, die Nudeln in 3 l ungesalzenes kochendes Wasser geben und in etwa 9 Minuten *al dente* garen. Abgießen, abtropfen lassen und sofort in die Pfanne füllen. Den Parmesankäse und die restlichen 2 EL Olivenöl hinzufügen und alles gut mischen. Das Gericht sofort auf einer vorgewärmten Platte servieren.

3 *Eine japanische Vorratskammer mit Holzkommoden und Kästen voller Nudeln, Gemüse und aromatischer Zutaten, die typisch für die asiatische Küche sind.*

Die Welt der asiatischen Nudeln

Neben italienischer Pasta, die mittlerweile fast jeder kennt, gibt es eine große Anzahl von anderen Teigwaren, die bei uns noch auf ihre kulinarische Entdeckung warten: Es ist dies die breite Skala der asiatischen Nudeln und der zarten Teigblätter, mit denen köstlich gewürzte Fleisch- und Gemüsefüllungen und andere feine Zutaten umhüllt werden. Die beliebten Frühlingsrollen mögen hier nur als Beispiel dafür genannt werden. Asiatische Teigwaren sind ungemein vielfältig und haben in so unterschiedlichen Küchen wie der japanischen, chinesischen, thailändischen und indonesischen eine sehr große Bedeutung. Deshalb fragt man sich, wie sie in unserem Speiseplan so lange unbeachtet bleiben konnten. Heute bekommt man sie nämlich nicht nur in asiatischen Spezialitätengeschäften, sondern sogar schon in jedem gutsortierten Supermarkt. Einige lassen sich auch problemlos zu Hause herstellen.

Frische oder getrocknete asiatische Nudeln bilden die Grundlage für 20 der folgenden Rezepte, die aus Weizenmehl, Reismehl oder anderen pflanzlichen Stärkeprodukten hergestellt werden. Meist sind sie schnur- oder bandförmig, manchmal aber auch zu runden oder ovalen Nestern aufgedreht. Doch welche Form sie auch haben mögen, alle verlocken sie durch ihren typischen Biß und ihren feinen Geschmack. Da sowohl asiatische Reisnudeln als auch Teigwaren aus anderen pflanzlichen Stärkeprodukten während des Herstellungsprozesses vorgegart werden, braucht man sie zur Zubereitung nur in heißem Wasser einzuweichen – mitunter läßt man sie anschließend auch noch etwas kochen oder simmern.

Frische asiatische Eiernudeln und getrocknete Teigwaren aus Weizenmehl werden – genau wie ihre westlichen Verwandten – in reichlich kochendem Wasser gegart, und auch hier sollte man immer wieder eine Garprobe machen und die Nudeln *al dente* servieren. Falls frische asiatische Eiernudeln gerade nicht erhältlich sind, kann man statt dessen auch getrocknete Weizenmehlteigwaren oder sogar deutsche Fadennudeln verwenden.

In diesem Kapitel wird genau beschrieben, wie man asiatische Nudelgerichte zubereitet, serviert und garniert. Es werden Tricks und Kniffe verraten, wie das aufregende Aroma fernöstlicher Speisen zustande kommt, ohne daß die in der asiatischen Küche üblichen reichlichen Mengen an Salz und Glutamat verwendet werden. So läßt man beispielsweise Brühen und Pilzweichwasser zu würzigen Fonds einkochen oder bereitet aus aromatischen Zutaten, wie Ingwer, Knoblauch und Zitronengras, die geschmackliche Grundlage für ein Gericht. Weniger bekannte Zutaten und Gewürze sind im Glossar auf S. 140–141 beschrieben; sie werden in asiatischen Lebensmittelgeschäften angeboten. Bei zahlreichen Gerichten werden kleine Mengen vieler verschiedener Zutaten verwendet, um ein ganzes Bouquet von Aromen entstehen zu lassen. Die folgenden Rezepte sind daher oft länger als die meisten anderen in diesem Buch und häufig auch etwas aufwendiger. Doch dies wird durch köstliche Speisen und Gerichte belohnt, die auch hohen Ansprüchen genügen und häufig vollständige Mahlzeiten darstellen.

Eine Auswahl fernöstlicher Teigwaren

NUDELN AUS WEIZENMEHL

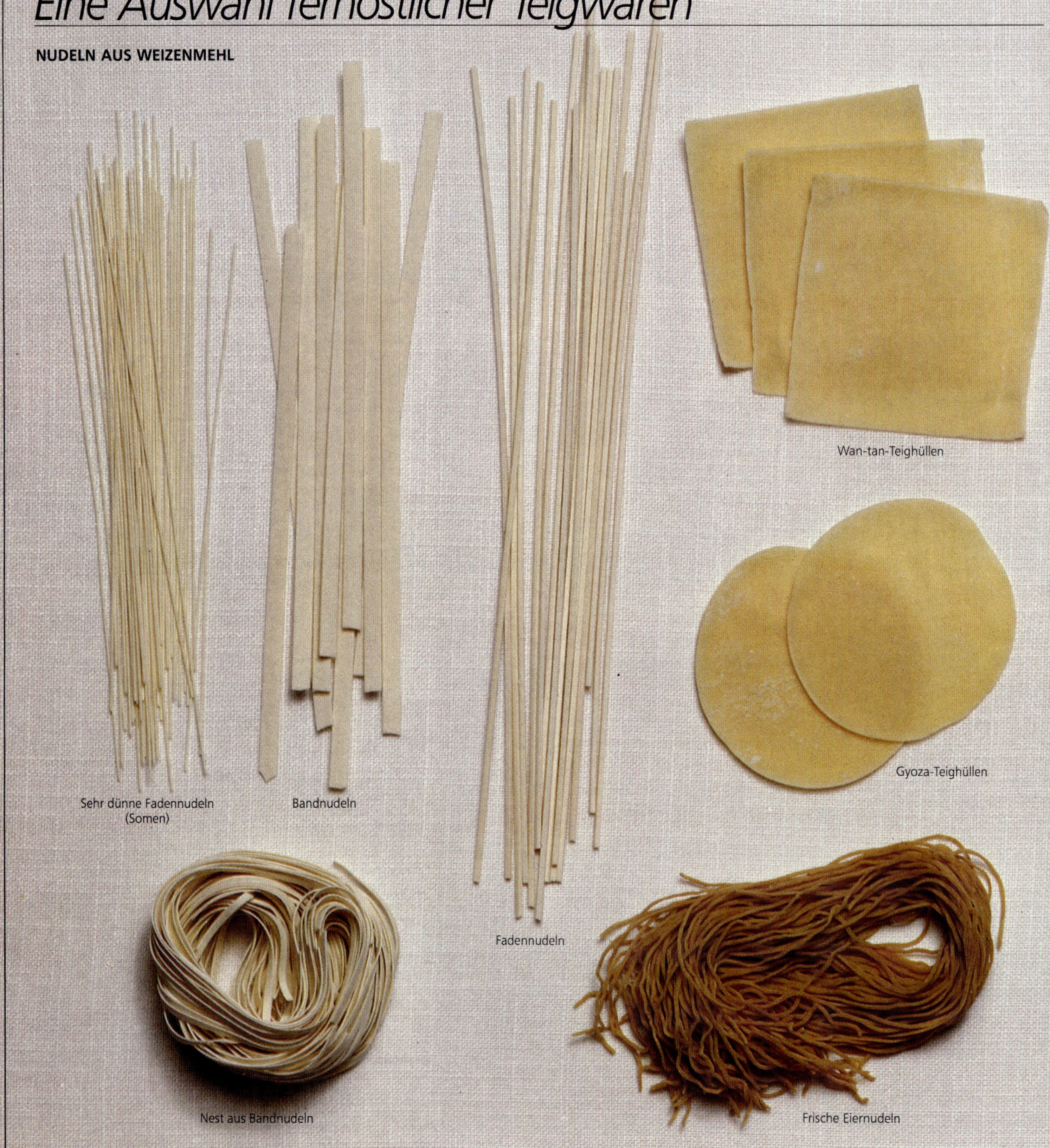

NUDELN AUS REISMEHL

Teighüllen

Nudelquadrate

Fadennudeln (Mifen)

Bandnudeln

NUDELN AUS MUNGOBOHNENMEHL (FEN-TZE)

Dünne Glas- oder Cellophannudeln

Breite Glas- oder Cellophannudeln

Sämtliche Nudeln und Teigtaschen, die in den Rezepten des folgenden Kapitels verlangt werden, sind auf diesen beiden Seiten abgebildet. Sie sind in drei Kategorien unterteilt und unterscheiden sich durch die Mehlsorten, aus denen sie hergestellt sind. Wo es angezeigt erschien, wurden auch die Bezeichnungen hinzugefügt, unter denen sie oftmals in asiatischen Lebensmittelgeschäften geführt werden. Da diese Teigwaren aber häufig unter vielen verschiedenen Namen angeboten werden, prägt man sich am besten ein, woran die einzelnen Sorten zu erkennen sind, wenn man Nudeln oder Teigtaschen für ein bestimmtes Gericht kaufen will.

Pancit Guisado

DIESES REZEPT IST DIE ABWANDLUNG EINES KLASSISCHEN PHILIPPINISCHEN NUDELGERICHTES, DAS ÄHNLICHKEIT MIT PAELLA HAT. BEI NAM PRIK HANDELT ES SICH UM EINE THAILÄNDISCHE CHILIPASTE, DIE MAN – IN KLEINEN GLÄSERN UND VERSCHIEDENEN SORTEN – IN ASIATISCHEN LEBENSMITTELGESCHÄFTEN BEKOMMT.

Portionen: 6
Arbeits- und Gesamtzeit: etwa 1 Stunde

Kal. **330**
Joule **1385**
Prot. **31 g**
Chol. **80 mg**
Fett insg. **13 g**
Ges. Fetts. **3 g**
Natr. **540 mg**

350 g frische chinesische Eiernudeln oder 250 g getrocknete Vermicelli
2 TL Nam Prik
2 EL Reiswein oder trockener Sherry
3 EL salzarme Sojasauce
12 Knoblauchzehen, 2 feingehackt und 10 in dünne Scheiben geschnitten
1 TL abgeriebene Schale einer ungespritzten Zitrone
175 g Schweinelende, Fett gegebenenfalls entfernt, in etwa 3 cm lange, gut 1 cm breite Streifen geschnitten
175 g Hühnerbrust ohne Haut und Knochen, in etwa 3 cm lange und gut 1 cm breite Streifen geschnitten
250 g kleine Garnelen, geschält, die Schwanzpanzer unbeschädigt
2 Scheiben magerer Frühstücksspeck, in feine Streifen geschnitten
2 mittelgroße Zwiebeln, in dünne Scheiben geschnitten
8 getrocknete Shiitakepilze oder chinesische schwarze Pilze, 20 Minuten in siedend heißem Wasser eingeweicht, abgetropft und ausgedrückt, das Weichwasser aufbewahrt
¼ l ungesalzene Hühnerbrühe, auf 4 EL eingekocht
1 EL dunkler chinesischer Essig oder Balsamessig
1 EL feingehackter frischer Oregano
2 EL feingehackte frische Korianderblätter
1 EL frischer Zitronensaft
3 EL Sonnenblumenöl
1 TL feingehackte frische Ingwerwurzel
2 kleine Zucchini, schräg in dünne Scheiben geschnitten
1 rote Paprikaschote, entkernt und Rippen entfernt, längs in dünne Streifen geschnitten, die Streifen in der Mitte schräg halbiert
200 g frische Mungobohnenkeime, gewaschen und abgetropft
4 Frühlingszwiebeln, geputzt und gehackt

Nam Prik, den Reiswein, 1 EL Sojasauce, den feingehackten Knoblauch und die abgeriebene Zitronenschale in einer großen Schüssel mischen. Das in Streifen geschnittene Schweine- und Hühnerfleisch sowie die Garnelen hineinrühren. Die Schüssel zudecken und die Mischung bei Raumtemperatur mindestens 30 Minuten marinieren.

Den Speck in einem Wok oder einer schweren Pfanne bei mittelschwacher Hitze etwa 3 Minuten anbraten, bis das Fett teilweise ausgebraten ist. Den in Scheiben geschnittenen Knoblauch dazugeben und in etwa 4 Minuten hell goldbraun sautieren – darauf achten, daß nichts anbrennt. Die Zwiebelscheiben hinzufügen und unter gelegentlichem Rühren etwa 20 Minuten braten, bis sie goldbraun und weich sind.

Während die Zwiebeln braten, 4 l Wasser zum Kochen bringen. Die Pilze in dünne Streifen schneiden. Das aufbewahrte Pilzwasser bei mittelstarker Hitze auf etwa 4 EL einkochen. Die Nudeln in das kochende Wasser geben. Nach 3 Minuten die erste Garprobe machen – die Nudeln sollten gar, aber noch *al dente* sein. Abgießen, abtropfen lassen und warm stellen.

In einem großen Topf die Pilze, das eingekochte Pilzwasser und die Brühe, den Essig, Oregano, Korianderblätter, die restlichen 2 EL Sojasauce und den Zitronensaft mischen. Die Speck-Zwiebel-Mischung hineinrühren und den Topf bei sehr schwacher Hitze zum Warmhalten auf die Kochstelle setzen.

In einem Wok 1 EL Öl erhitzen, den gehackten Ingwer sowie die Zucchinischeiben hinzufügen und 1 Minute unter Rühren braten. Paprikastreifen und Mungobohnenkeime dazugeben und alles noch einmal 1 Minute unter Rühren braten. Das Gemüse unter die Speck-Zwiebel-Mischung heben, dann alles mit den Nudeln vermischen und auf eine vorgewärmte Platte geben.

Den Wok mit Küchenkrepp auswischen und die restlichen 2 EL Öl hineingießen. Wenn das Öl sehr heiß ist, das Schweine- und Hühnerfleisch sowie die Garnelen hinzufügen und 90 Sekunden unter Rühren braten. Die Frühlingszwiebeln dazugeben und alles noch einmal 30 Sekunden sautieren. Fleisch und Garnelen unter die Nudeln mischen und das Gericht sofort servieren.

Acht-Juwelen-Nudeln mit chinesischer Wurst

Portionen: 6
Arbeits- und Gesamtzeit: etwa 45 Minuten

Kal. **330**
Joule **1385**
Prot. **20 g**
Chol. **15 mg**
Fett insg. **13 g**
Ges. Fetts. **4 g**
Natr. **440 mg**

250 g getrocknete Weizenbandnudeln oder Fettuccine
1 l ungesalzene Hühnerbrühe
1½ EL Sonnenblumenöl
1 EL geriebene frische Ingwerwurzel
1 kleine rote Zwiebel, in 2 cm große Quadrate geschnitten
1 rote Paprikaschote, entkernt und Rippen entfernt, in 2 cm große Quadrate geschnitten
3 Lop-Cheong-Würste, schräg in dünne Scheiben geschnitten, mit Wasser bedeckt 5 Minuten gesimmert und abgetropft, oder 125 g speziell vorbereitete Schweinelende (Anleitung S. 115), in 3 mm dicke Scheiben geschnitten
175 g Zuckerschoten, geputzt und schräg halbiert
8 getrocknete Shiitakepilze oder chinesische schwarze Pilze, 20 Minuten in siedend heißem Wasser eingeweicht, abgetropft, Stiele entfernt, in Viertel geschnitten
450 g junger Mais aus der Dose, abgespült und abgetropft
450 g Strohpilze aus der Dose, abgetropft
125 g Brokkoliröschen, 1 Minute in kochendem Wasser blanchiert, unter kaltem Wasser abgeschreckt und abgetropft
150 g Blumenkohlröschen, 1 Minute in kochendem Wasser blanchiert, unter kaltem Wasser abgeschreckt und abgetropft
2 TL Maisstärke, mit 2 EL Wasser verrührt
1 EL salzarme Sojasauce
1 EL Reisweinessig
1 TL dunkles Sesamöl

Die Brühe auf etwa ¼ l einkochen und warm stellen.

Die Nudeln in 4 l kochendes Wasser mit 2 TL Salz geben. Nach 3 Minuten die erste Garprobe machen – die fertigen Nudeln sollten noch bißfest sein. Abgießen und unter kaltem Wasser abschrecken.

In einem heißen Wok bei mittelhoher Temperatur das Öl erhitzen. Die geriebene Ingwerwurzel und die Zwiebelstücke 30 Sekunden unter Rühren anbraten. Die Paprika- und Wurststücke, die halbierte Zuckerschote, die Pilzviertel sowie den Mais hinzufügen und alles 1 Minute unter Rühren braten. Strohpilze, Brokkoli- und Blumenkohlröschen dazugeben und alle Zutaten noch einmal etwa 1 Minute unter Rühren braten, bis sie heiß sind.

Nun die Maisstärke-Mischung, die Sojasauce und den Essig in die heiße Brühe rühren. Diese Sauce in den Wok gießen und rühren, bis sie dick wird, und zum Schluß das Sesamöl hinzufügen. Die Nudeln dazugeben, unter das Gemüse mischen und dann das Gericht sofort servieren.

Kaiserliche Gemüsetaschen

Portionen: 6 (18 Stück)
Arbeits- und Gesamtzeit: etwa 2 Stunden

Kal. **275**
Joule **1155**
Prot. **18 g**
Chol. **55 mg**
Fett insg. **1 g**
Ges. Fetts. **0 g**
Natr. **555 mg**

18 Reisteighüllen von etwa 15 cm Durchmesser

350 g Krebsfleisch aus der Dose (Crab meat), zerpflückt, alle Schalenreste entfernt

2 EL frischer Limettensaft

Abgeriebene Schale einer ungespritzten Limette

½ frische scharfe grüne Chilischote (Anmerkung S. 33), entkernt und sehr fein gehackt (etwa 1 TL), oder ¾ TL Sambal Oelek

1 EL sehr fein gehackte frische Minze

1 EL sehr fein gehackte frische Korianderblätter

6 Frühlingszwiebeln, geputzt und sehr fein gehackt

60 g Glasnudeln, mit kochendem Wasser bedeckt und 20 Minuten eingeweicht, abgetropft und in 5 cm lange Stücke geschnitten

250 g Zuckerschoten, geputzt und längs in feine Streifen geschnitten

18 Chinakohlblätter (nur die oberen 10 cm)

200 g frische Mungobohnenkeime, abgespült

1 rote Paprikaschote, entkernt und Rippen entfernt, in feine (etwa 36) Streifen geschnitten

3 rote Chilischoten (nach Belieben), sofern getrocknet, 20 Minuten in warmem Wasser eingeweicht, entkernt und in 6 Ringe geschnitten (Anmerkung S. 33)

18 lange Lauchstengel von Frühlingszwiebeln zum Zusammenbinden der Taschen

18 Minzestengel zum Garnieren

18 Korianderstengel zum Garnieren

Limettenspalten zum Garnieren (nach Belieben)

Süße Chili-Dipsauce

1 Knoblauchzehe, gehackt

2 TL süße Chilisauce

2 EL frischer Limettensaft mit möglichst viel Fruchtfleisch, das mit einem Löffel herausgekratzt wird

2 EL salzarme Sojasauce

Für die Dipsauce den gehackten Knoblauch, die Chilisauce, den Limettensaft, die Sojasauce und 4 EL Wasser in einer kleinen Schale mischen.

Für die Zubereitung der Füllung Krebsfleisch, Limettensaft, Limettenschale, gehackte grüne Chilischote oder Sambal Oelek, gehackte Minze, gehackte Korianderblätter und Frühlingszwiebeln sowie Glasnudeln vermengen. Die Füllung für 30 Minuten in den Kühlschrank stellen, damit sich die Aromen der Zutaten verbinden können.

In der Zwischenzeit die in Streifen geschnittenen Zuckerschoten 20 Sekunden in 2 l kochendem Wasser blanchieren und dann mit einem Schaumlöffel herausnehmen. Im gleichen Wasser zunächst die Kohlblätter und anschließend die Mungobohnenkeime je 20 Sekunden blanchieren, unter kaltem Wasser abschrecken und abtropfen lassen. Die abgespülten und abgetropften Bohnenkeime unter die Krebsfleischfüllung heben.

Alle Zutaten griffbereit auf die Arbeitsfläche stellen. Zwei große Teller dazusetzen und einen ½ cm hoch mit warmem Wasser füllen.

Zur Herstellung einer Gemüsetasche jeweils ein Reisteigblatt 30 Sekunden in das warme Wasser tauchen, dann auf den leeren Teller legen und ruhen lassen, bis es gleichmäßig weich ist. Zwei Paprika- und einige Zucker- ▶

schotenstreifen so auf die obere Hälfte des Teigrundes legen, daß ihre Spitzen über den Rand hinausstehen. Etwa 4 EL Krebsfleischmischung auf das Gemüse geben und das untere Drittel des Teigblattes vorsichtig über die Füllung klappen. Die rechte Seite nach innen schlagen, eine Scheibe der roten Chilischote darauflegen und die linke Seite darüberklappen. Die Tasche mit einem Stück Frühlingszwiebellauch zusammenbinden. Die restlichen Teigblätter auf die gleiche Weise füllen und falten.

Sollten die Gemüsetaschen als Hauptgericht serviert werden, legt man jede einzelne behutsam auf ein Blatt Chinakohl und richtet jeweils drei davon fächerförmig auf einem vorgewärmten Teller an. Falls gewünscht, mit Minze- und Korianderstengeln sowie Limettensegmenten garnieren. Die Taschen beim Essen in die Sauce stippen.

ANMERKUNG: *Dieses Rezept ergibt 18 Portionen als Vorspeise bzw. 6 Portionen von jeweils 3 Taschen als Hauptgericht. Als Vorspeise serviert, können die Gemüsetaschen mit gegrilltem Fisch gereicht werden. Im voraus zubereitete Taschen kann man mit einem Zerstäuber mit etwas Wasser besprühen, damit sie feucht bleiben und nicht rissig werden.*

Beim Einkauf von Reisteighüllen darauf achten, daß möglichst wenige beschädigt sind. Da sie trocken leicht brechen und im feuchten Zustand reißen können, sollte man sie stets behutsam behandeln. Zur Aufbewahrung werden Reisteighüllen am besten in fest verschlossenen Folienbeuteln oder geeigneten Dosen bei Raumtemperatur gelagert.

Huhn, Brokkoli und Chilischoten auf Eiernudeln

Portionen: 4
Arbeits- und Gesamtzeit: etwa 35 Minuten

Kal. **305**
Joule **1280**
Prot. **28 g**
Chol. **30 mg**
Fett insg. **14 g**
Ges. Fetts. **2 g**
Natr. **455 mg**

350 g frische chinesische Eiernudeln oder 250 g getrocknete Vermicelli (oder dünne Spaghetti)
½ l ungesalzene Hühnerbrühe
3½ EL Reiswein oder trockener Sherry
1 TL dunkles Sesamöl
¼ TL Salz
Frisch gemahlener weißer Pfeffer
2 Hühnerbrüste
3 EL Sonnenblumenöl
150 g Brokkoliröschen
¼ TL Zucker
½ TL Sesamkörner
2 scharfe grüne Chilischoten, entkernt und sehr fein gehackt (Anmerkung S. 33)
1 EL salzarme Sojasauce
4 Frühlingszwiebeln, geputzt und feingehackt

Die Brühe in einem Topf zum Kochen bringen. 2 EL Reiswein oder Sherry, Sesamöl, Salz und Pfeffer hinzufügen und erneut zum Kochen bringen. Auf niedrige Temperatur herunterschalten und die Brühe simmern lassen.

Die Hühnerbrusthälften in einen Topf legen und mit Wasser bedecken. Das Wasser zum Kochen bringen, dann auf schwache Hitze reduzieren und das Fleisch etwa 10 Minuten garziehen lassen, bis es weich ist. Mit einem Schaumlöffel herausnehmen und die Garflüssigkeit eventuell für die Zubereitung einer Brühe aufbewahren. Sobald das Fleisch abgekühlt ist, wird es von den Knochen abgelöst. Die Haut wegwerfen und die Knochen nach Belieben für eine Brühe aufbewahren. Das Fleisch mit den Fingern in mundgerechte Stücke zerpflücken und abgedeckt an einen warmen Platz stellen.

Die Nudeln in 4 l kochendes Wasser mit 2 TL Salz geben. Nach 3 Minuten die erste Garprobe machen – die Nudeln kochen, bis sie gar, aber noch *al dente* sind. Abgießen, abtropfen lassen, unter kaltem Wasser abschrecken und in einem Durchschlag beiseite stellen.

In einem heißen Wok oder einer schweren Pfanne 1 EL Sonnenblumenöl bei mittelhoher Temperatur erhitzen. Die Brokkoliröschen hinzufügen und unter Rühren braten, bis sie hellgrün werden. 1 EL Reiswein und den Zukker dazugeben und alles noch einmal 30 Sekunden unter Rühren braten. Den Brokkoli in eine Schüssel füllen und die Sesamkörner untermischen. Die Schüssel abdecken, damit der Brokkoli warm bleibt.

Die restlichen 2 EL Sonnenblumenöl im Wok oder in der Pfanne erhitzen, bis das Öl heiß ist, aber noch nicht raucht. Die gehackten Chilischoten hinzufügen und 30 Sekunden unter Rühren braten. Die Sojasauce und den restlichen Reiswein oder Sherry hineingießen. Hühnerfleisch und Frühlingszwiebeln dazugeben und die Mischung noch einmal 1 Minute unter Rühren braten.

Die Nudeln im Durchschlag mit kochendem Wasser übergießen, damit sie wieder heiß werden, und auf vier Schalen oder kleinen tiefen Tellern verteilen. Die Brühe zu gleichen Teilen darüberschöpfen. Die Brokkoliröschen und die Fleisch-Frühlingszwiebel-Mischung in vier Portionen teilen und – wie unten gezeigt – auf den einzelnen vorgewärmten Tellern als Yin-Yang-Symbol anrichten. Das Gericht sofort servieren.

Phönix-Nest

DIE KONZENTRISCHEN RINGE AUS GEMÜSE UND NUDELN SOLLEN DIE AUFGEHENDE SONNE DARSTELLEN, DIE OFT DURCH DEN PHÖNIX SYMBOLISIERT WIRD.

Portionen: 8
Arbeits- und Gesamtzeit: etwa 1 Stunde und 15 Minuten

Kal. **355**
Joule **1490**
Prot. **19 g**
Chol. **75 mg**
Fett insg. **5 g**
Ges. Fetts. **1 g**
Natr. **295 mg**

500 g Reis-Bandnudeln
600 g kleine gekochte Garnelen
⅛ l frischer Limettensaft
1 TL abgeriebene Schale einer ungespritzten Limette
3 TL süße Chilisauce
4 EL gehackte frische Minze
1 EL gehackte frische Korianderblätter
250 g Zuckerschoten, geputzt, 1 Minute in kochendem Wasser blanchiert, abgetropft und in feine Streifen geschnitten
2 TL salzarme Sojasauce
½ TL dunkles Sesamöl
1 EL gehacktes frisches Basilikum
1½ EL Sonnenblumenöl
2 TL feingehackte, frische Ingwerwurzel
3 große Möhren, geschält und in feine Streifen geschnitten
6 EL frischer Zitronensaft
5 Frühlingszwiebeln, schräg in sehr dünne Ringe geschnitten
300 g frische Mungobohnenkeime, abgespült und abgetropft
3 EL ungesüßte Kokosmilch
½ TL Salz
1½ TL feingehacktes frisches Zitronengras, die Mittelrippe entfernt, oder 1½ TL abgeriebene Schale einer ungespritzten Limette

Garnierung

1 Kopfsalat
1 große rote Paprikaschote, entkernt, Rippen entfernt, längs halbiert und jede Hälfte quer in dünne Streifen geschnitten
Minzestengel
2 Zitronen (nach Belieben), in Achtel geschnitten

In einer großen Schüssel die Garnelen, 2 EL Limettensaft, die abgeriebene Limettenschale, 1 TL süße Chilisauce, 1 EL Minze und die gehackten Korianderblätter mischen. Die Schüssel beiseite stellen. Dann in einer anderen Schüssel die in Streifen geschnittenen Zuckerschoten mit ▶

Sojasauce, Sesamöl und Basilikum vermengen. Auch diese Schüssel beiseite stellen.

Die Nudeln mit kochendem Wasser bedecken, 15 Minuten einweichen und abgießen. Mit kaltem Wasser abspülen, gut abtropfen lassen und beiseite stellen.

Während die Nudeln weichen, ½ EL Sonnenblumenöl bei starker Hitze in einen heißen Wok oder eine schwere Pfanne gießen. Wenn das Öl heiß ist, die gehackte Ingwerwurzel und die Möhrenstreifen dazugeben. Auf mittlere Temperatur herunterschalten und die Möhren 1 Minute unter Rühren braten. 2 EL Wasser hinzufügen, den Deckel auflegen und den Pfanneninhalt 2 Minuten dünsten. Die Möhren in eine Schüssel geben, in 2 EL Zitronensaft schwenken und beiseite stellen.

Die Wok oder Pfanne auswischen und den restlichen Eßlöffel Sonnenblumenöl darin erhitzen. Die in Ringe geschnittenen Frühlingszwiebeln dazugeben und 30 Sekunden unter Rühren braten, dann die Bohnenkeime hinzufügen und 1 Minute weiterbraten. Frühlingszwiebeln und Bohnenkeime auf einen Teller geben.

Die Salatsauce für die Nudeln zubereiten: In einer großen Schüssel Kokosmilch, Salz, gehacktes Zitronengras oder abgeriebene Limettenschale, die restlichen 6 EL Limettensaft, 2 TL Chilisauce und 4 EL Zitronensaft sowie die übrige gehackte Minze mischen. Die Sauce mit den abgetropften Nudeln vermengen und beiseite stellen.

Zum Fertigstellen des Gerichtes die Salatblätter auf eine große Platte legen, die Nudeln darauf verteilen und in die Mitte eine große flache Mulde eindrücken. Die Paprikastreifen kranzförmig darum herumlegen und zwischen Salatblätter und Nudeln stecken.

Die Möhren ringförmig auf den Nudeln arrangieren. In dem Möhrenring einen kleineren Kranz aus Zuckerschoten anrichten und in diesem – wiederum kreisförmig – die Frühlingszwiebel-Bohnenkeime-Mischung. Die Garnelen in die Mitte füllen, das „Phönixnest" gegebenenfalls mit Minzestengeln und Zitronenscheiben garnieren und sofort ungekühlt servieren.

ANMERKUNG: *Wenn ungesüßte Kokosmilch weder in Dosen noch tiefgefroren erhältlich ist, kann man sie auch selbst zubereiten: 3 EL getrocknete und ungesüßte Kokosflocken mit 3 EL siedend heißem Wasser im Mixer verrühren und anschließend die Mischung durch ein Sieb geben.*

Hummer-Nudeln mit Meeresschätzen

Portionen: 6
Arbeitszeit: etwa 45 Minuten
Gesamtzeit: etwa 1 Stunde

Kal. **285**
Joule **1195**
Prot. **33 g**
Chol. **70 mg**
Fett insg. **9 g**
Ges. Fetts. **1 g**
Natr. **515 mg**

500 g frische chinesische Eiernudeln oder 350 g getrocknete Vermicelli

1250 g lebender Hummer

150 g gesäubertes Seeteufelfilet, in 12 gleich große Würfel geschnitten

150 g Jakobsmuscheln (12 kleine Muscheln oder 6 große halbiert)

6 Zucchini, vorzugsweise 3 gelbe und 3 grüne, gewaschen, in je 4 Stücke geschnitten, 2 Minuten in kochendem Wasser blanchiert und mit kaltem Wasser abgeschreckt

Ingwer-Weinbrand-Marinade

2 TL sehr fein gehackter Knoblauch

2 TL sehr fein gehackte frische Ingwerwurzel

2 TL fermentierte schwarze Bohnen, abgespült und zerdrückt

2 EL Weinbrand

¼ TL Salz

1 EL Sonnenblumenöl

Knoblauch-Frühlingszwiebel-Sauce

1 EL Sonnenblumenöl

1 EL sehr fein gehackter Knoblauch

1 TL sehr fein gehackte frische Ingwerwurzel

5 Frühlingszwiebeln, geputzt und feingehackt

2 TL fermentierte schwarze Bohnen, abgespült und zerdrückt

¼ TL Zucker

1 EL salzarme Sojasauce

Einen 6 l fassenden Topf etwa 8 cm hoch mit Wasser füllen und das Wasser zum Kochen bringen. Den Hummer hineinsetzen und zugedeckt 5 Minuten garen. Inzwischen in einer Schüssel die Zutaten für die Marinade mischen und beiseite stellen.

Den Hummer aus dem Topf nehmen und beiseite stellen. ¼ l Hummersud abgießen und aufbewahren, die im Topf verbliebene Flüssigkeit mit Wasser auf 4 l auffüllen und zum Kochen der Nudeln beiseite stellen.

Wenn der Hummer abgekühlt ist, Schwanz und Scheren durch Drehen vom Körper abtrennen und dabei über eine Schüssel halten, um den Saft aufzufangen. Den Bauchpanzer aufschneiden, Hummerleber und – falls vorhanden – Rogen herausnehmen und beides in der Schüssel beiseite stellen. Den Hummerschwanz längs halbieren und aus beiden Hälften vorsichtig das Fleisch herauslösen (es ist noch nicht ganz gar). Jede Hälfte quer in sechs gleich große Stücke schneiden.

Die Schwanzfleischstücke, das in Würfel geschnittene Seeteufelfilet und die Jakobsmuscheln in die Marinade geben, sorgfältig darin wenden und dann 30 Minuten stehenlassen. Aus den restlichen Hummerteilen das Fleisch herauslösen, in Würfel schneiden und in die Schüssel zu Hummerleber, Rogen und Saft geben.

Den Grill vorheizen und die 4 l Hummerwasser zum Kochen bringen. Meeresfrüchte und Zucchini in der folgenden Reihenfolge auf 12 Spieße stecken: Seeteufel,

Zucchini, Hummerschwanzfleisch, Zucchini, Jakobsmuschel. Auf sechs Spießen sollten grüne Zucchinistücke sitzen, auf den anderen sechs gelbe. Überschüssige Marinade aufbewahren.

Die Nudeln in das kochende Hummerwasser geben. Nach 3 Minuten die erste Garprobe machen – die Nudeln kochen, bis sie gar, aber noch bißfest sind.

Während die Nudeln garen, die Sauce zubereiten. In einen heißen Wok 1 EL Öl gießen. Knoblauch-, Ingwer- und Frühlingszwiebelstücke hinzufügen und bei mittelstarker Hitze 1 Minute unter Rühren braten. Die zerdrückten schwarzen Bohnen, den Zucker und die Sojasauce sowie Saft, Leber, Rogen und gewürfeltes Fleisch des Hummers, den beiseite gestellten Hummersud und die aufbewahrte Marinade dazugeben. Alles 1 bis 2 Minuten unter Rühren sautieren, bis das Hummerfleisch gar ist. Die Nudeln abtropfen lassen, in den Wok füllen und behutsam mit der Sauce mischen.

Die Spieße etwa 4 Minuten grillen und dabei mehrmals drehen, damit sie gleichmäßig garen.

Zum Servieren die Nudeln auf sechs vorgewärmten Tellern verteilen. Auf jede Portion zwei Spießchen legen.

Teigtaschen mit Schweinefleischfüllung

Portionen: 8 als Vorspeise (32 Teigtaschen)
Arbeitszeit: etwa 50 Minuten
Gesamtzeit: etwa 1 Stunde

Kal. **160**
Joule **670**
Prot. **8 g**
Chol. **40 mg**
Fett insg. **3 g**
Ges. Fetts. **1 g**
Natr. **80 mg**

250 g Mehl
1 Ei
¼ l ungesalzene Hühnerbrühe, mit ¼ l Wasser gemischt

Schweinefleischfüllung

125 g Schweinelende ohne Fett, feingehackt
60 g Wasserkastanien, gehackt
60 g Bambussprossen, gewaschen, abgetropft und gehackt
1 EL salzarme Sojasauce
2 EL trockener Sherry
1 Frühlingszwiebel, feingehackt
1 TL feingehackte frische Ingwerwurzel
2 getrocknete Shiitakepilze oder chinesische schwarze Pilze, 20 Minuten in sehr heißem Wasser eingeweicht, abgetropft, die Stiele entfernt, ausgedrückt und gehackt

Chilisauce

1 TL süße Chilisauce
1 EL dunkler chinesischer Essig oder Balsamessig
1 EL Sojabohnenpaste

Für die Zubereitung der Füllung Schweinefleisch, gehackte Wasserkastanien, Bambussprossen, Sojasauce und Sherry, gehackte Frühlingszwiebeln, Ingwerstücke und Pilze in einer großen Schüssel mischen.

Die Wan-tan-Teighüllen, wie in den Anleitungen unten gezeigt, herstellen und füllen. ▶

Wan-tans herstellen

1 *DEN TEIG ZUBEREITEN. Das Mehl in eine Schüssel sieben und in die Mitte eine Mulde drücken. Das Ei leicht mit 4 EL kaltem Wasser verschlagen, in die Mulde gießen und zu einem ziemlich festen Teig verkneten.*

2 *DEN TEIG KNETEN. Den Teig auf der leicht bemehlten Arbeitsfläche 5 bis 10 Minuten gründlich durchkneten. Dabei die Teigkugel immer wieder auseinanderdrücken, leicht drehen und zusammenfalten, bis der Teig glatt ist.*

3 *DEN TEIG AUSROLLEN. Die Teigkugel in zwei gleich große Teile schneiden. Jedes Teigstück mit einem Nudelholz durch festen Druck zu einem 36 × 36 cm großen Quadrat ausrollen. Die Teigblätter sollten ziemlich dünn sein.*

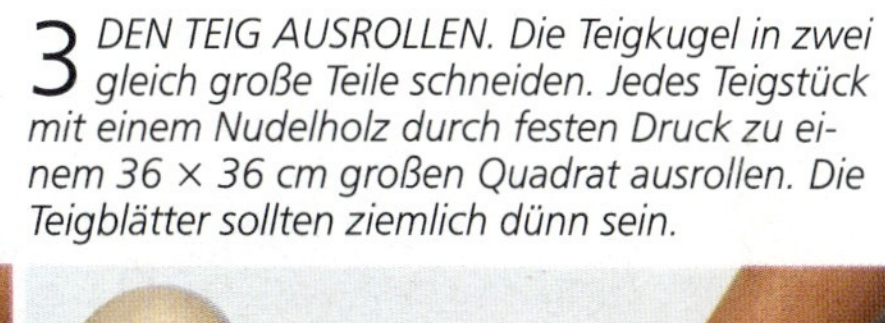

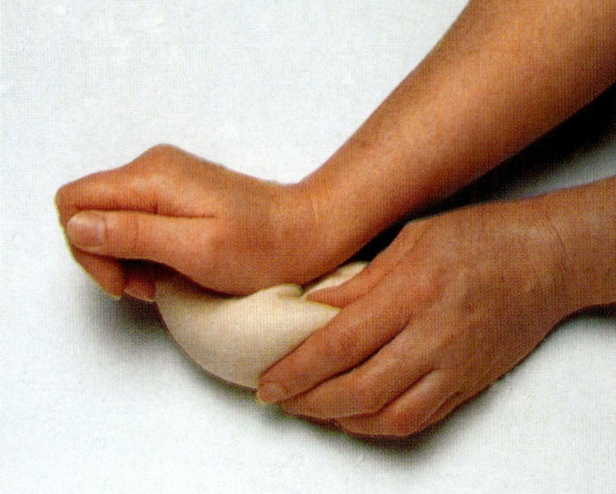

4 *DIE TEIGHÜLLEN SCHNEIDEN. Die Ränder der Teigblätter geradeschneiden und dann in 16 Quadrate von 9 cm Seitenlänge teilen. Die Wantans füllen und formen (Arbeitsgang 5 und 6). Das zweite Teigstück ebenso verarbeiten.*

5 *DIE WAN-TANS FÜLLEN. Je einen gehäuften Teelöffel Füllmasse in die Mitte der Teigquadrate setzen und die Ränder mit kaltem Wasser bestreichen. Die Quadrate diagonal zusammenfalten. Die Ränder fest zusammendrücken.*

6 *DIE WAN-TANS FORMEN. Ein Dreieck mit der Spitze nach oben halten. Die beiden seitlichen Spitzen vorsichtig nach innen biegen, bis sie aneinanderstoßen. Beide Spitzen mit kaltem Wasser anfeuchten und fest zusammendrücken.*

Die Brühe in eine große Pfanne gießen, in der die Wan-tan-Teigtaschen nebeneinander Platz haben. (Sollte die Pfanne zu klein sein, die Wan-tans in mehreren Arbeitsgängen garen.) Die Brühe zum Kochen bringen und die Teigtaschen behutsam hineingleiten lassen, dann die Hitze so weit reduzieren, daß die Brühe nur noch kräftig simmert, aber nicht mehr kocht. Den Deckel auflegen und die Wan-tans etwa 7 Minuten garen, bis die Teigblätter weich sind. Die Taschen mit einem Schaumlöffel auf vorgewärmte Teller heben.

Chilisauce, Essig und Bohnenpaste unter die Brühe in der Pfanne rühren. Einen Teil dieser Sauce über die Teigtaschen gießen, den Rest getrennt dazu servieren.

ANMERKUNG: *Werden frische Wasserkastanien verwendet, muß man sie zunächst schälen.*

Nudeln mit Schweinefleisch, Smaragden und Rubinen

Portionen: 4
Arbeits- und Gesamtzeit: etwa 30 Minuten

Kal. **375**
Joule **1575**
Prot. **33 g**
Chol. **45 mg**
Fett insg. **16 g**
Ges. Fetts. **4 g**
Natr. **555 mg**

350 g frische chinesische Eiernudeln oder Vermicelli

1 EL Sonnenblumenöl

250 g chinesisches Barbecue-Fleisch, das Fett entfernt, in dünne, etwa 2 cm große Quadrate geschnitten

1 EL feingehackte frische Ingwerwurzel

125 g Zuckerschoten, geputzt und schräg in Stücke geschnitten

1 rote Paprikaschote, entkernt und Rippen entfernt, längs in Streifen geschnitten

150 g frische Mungobohnenkeime, gewaschen und abgetropft

8 getrocknete Shiitakepilze oder chinesische schwarze Pilze, 20 Minuten in siedend heißem Wasser eingeweicht, die Stiele entfernt, in Streifen geschnitten, das Weichwasser auf 4 EL eingekocht und beiseite gestellt

⅛ l ungesalzene Hühnerbrühe

2 EL salzarme Sojasauce

Die Nudeln in 4 l kochendes Wasser mit 2 TL Salz geben. Etwa 3 Minuten kochen, bis sie gar, aber noch bißfest sind. Abgießen, abtropfen lassen und beiseite stellen.

Das Öl in einem heißen Wok oder einer schweren Pfanne bei mittelhoher Temperatur erhitzen. Fleischstücke und gehackte Ingwerwurzel hinzufügen und 2 Minuten unter Rühren braten. Zuckerschoten, Paprikastreifen, Bohnenkeime und Pilze dazugeben und alles noch einmal etwa 2 Minuten unter Rühren braten, bis sich die Zuckerschoten hellgrün färben.

Schweinefleisch und Gemüse aus der Pfanne nehmen und beiseite stellen. Die abgetropften Nudeln, das beiseite gestellte Pilzwasser, Brühe und Sojasauce in die Pfanne geben und gut mischen. Schweinefleisch und Gemüse zurück in die Pfanne geben und vorsichtig unterheben. ▶

Die Nudeln in vier große Schalen verteilen und die verbliebene Flüssigkeit aus der Pfanne darüberschöpfen. Das Gericht sofort servieren.

ANMERKUNG: *Ist Barbecue-Fleisch in asiatischen Spezialitätengeschäften nicht erhältlich, kann man es selbst zubereiten. Dazu ein 250 g schweres Stück Schweinskarree ohne Knochen längs in Viertel schneiden und in einer Mischung aus ½ EL salzarmer Sojasauce, ½ EL trockenem Sherry, ½ TL dunklem Sesamöl, ½ EL feingehackter frischer Ingwerwurzel, ½ EL Honig und einer feingehackten Knoblauchzehe marinieren. Das Fleisch in der Marinade für 8 Stunden oder über Nacht in den Kühlschrank stellen.*

Die Stücke dann mit S-förmig gebogenen Büroklammern am Backofenrost aufhängen und den Rost auf der obersten Schiene in den auf 180° C (Gasherd Stufe 2–3) vorgeheizten Backofen setzen. Die Marinade beiseite stellen. Eine Pfanne mit Wasser unter das Fleisch stellen, um den herabtropfenden Saft aufzufangen, und das Fleisch 45 Minuten garen. Dann die Stücke mit der zurückgestellten Marinade begießen, die Temperatur auf 200° C (Gasherd 4–5) heraufschalten und das Fleisch weitere 20 Minuten garen.

Pikante Nudeln mit Schweinefleisch und Erdnüssen

Portionen: 4
Arbeitszeit: etwa 30 Minuten
Gesamtzeit: etwa 1 Stunde

Kal. **320**
Joule **1345**
Prot. **25 g**
Chol. **20 mg**
Fett insg. **15 g**
Ges. Fetts. **4 g**
Natr. **525 mg**

350 g frische chinesische Eiernudeln
1 EL Sonnenblumenöl
2 Frühlingszwiebeln, feingehackt
2 TL sehr fein gehackte frische Ingwerwurzel
1 Knoblauchzehe, feingehackt
¼ bis ½ TL zerstoßene rote getrocknete Chillies oder Sambal Oelek
175 g Schweinefleisch ohne Knochen, das Fett abgeschnitten, feingehackt
2 EL trockener Sherry
1 TL Sojabohnenpaste
1 TL Hoisinsauce
1 EL salzarme Sojasauce
4 EL ungesalzene Hühnerbrühe
4 EL in Würfel geschnittene Wasserkastanien
4 EL geröstete ungesalzene Erdnüsse, grobgehackt
¼ TL dunkles Sesamöl
1 EL gehackte frische Korianderblätter
1 Gurke (etwa 250 g), halbiert, entkernt und in feine Streifen geschnitten
50 g frische Mungbohnenkeime
4 EL in feine Streifen geschnittene Radieschen
1 Apfel, geschält, in Scheiben geschnitten und in 2 TL Zitronensaft geschwenkt

Die Nudeln in 3 l kochendes Wasser geben. Etwa 3 Minuten kochen, bis die Nudeln bißfest sind. Abgießen, abtropfen lassen und abschrecken. Dann beiseite stellen.

Das Sonnenblumenöl in einem heißen Wok oder einer großen, schweren Pfanne bei hoher Temperatur erhitzen. Frühlingszwiebeln, Ingwer und Knoblauch sowie die zerstoßenen Chillies hinzufügen und 30 Sekunden unter Rühren braten. Das gehackte Fleisch dazugeben und etwa 3 Minuten unter Rühren braten, bis es nicht mehr rosa ist. Sherry, Sojabohnenpaste, Hoisin- und Sojasauce hinzufügen, dann die Brühe und die Wasserkastanien. Alles 2 Minuten kochen, bevor Erdnüsse und Sesamöl untergerührt werden. Die Nudeln dazugeben und etwa 1 Minute in der Sauce erhitzen.

Das Gericht in eine vorgewärmte Servierschüssel füllen, gehackte Korianderblätter darüberstreuen und mit Bohnenkeimen, Radieschen, Gurken- und Apfelstreifen garnieren. Die Garnierungen können auch getrennt in kleinen Schalen gereicht werden.

Sichuan-Nudeln mit würzigem Rindfleisch

Portionen: 6
Arbeitszeit: etwa 30 Minuten
Gesamtzeit: etwa 1 Stunde

Kal. **280**
Joule **1175**
Prot. **29 g**
Chol. **30 mg**
Fett insg. **12 g**
Ges. Fetts. **2 g**
Natr. **340 mg**

500 g frische chinesische Eiernudeln oder 350 g getrocknete Vermicelli

350 g Rinderfilet oder mageres Steak

8 getrocknete Shiitakepilze oder chinesische schwarze Pilze, 20 Minuten in siedend heißem Wasser eingeweicht

4 Frühlingszwiebeln, schräg in dünne Scheiben geschnitten

1½ EL Sonnenblumenöl

Sesam-Soja-Marinade
4 EL salzarme Sojasauce
2 EL dunkler chinesischer Essig oder Balsamessig
2 EL Reisweinessig
1 bis 2 TL Chilipaste mit Knoblauch
½ TL sehr fein gehackter Knoblauch
1½ TL sehr fein gehackte frische Ingwerwurzel
1 TL Zucker
1 TL dunkles Sesamöl
2 EL Sonnenblumenöl
2 EL geröstete Sesamkörner, im Mörser zerstoßen
5 Frühlingszwiebeln, sehr fein gehackt
30 g frische Korianderblätter, grobgehackt
Garnierung
1 kleine Gurke, mit einer Gabel längs eingekerbt und in dünne Scheiben geschnitten
1 EL geröstete Sesamkörner
Korianderstengel

Die Zutaten für die Marinade in einer Schüssel mischen und beiseite stellen.

Das Rindfleisch quer zur Faser in etwa 4 cm lange und 3 mm breite Streifen schneiden. Von den abgetropften Pilzen die Stiele entfernen, die Hüte in 3 mm breite Streifen schneiden. Fleisch, Pilze und Frühlingszwiebeln in einer Schüssel mit einem Drittel der Marinade mischen und das Rindfleisch 30 Minuten darin marinieren.

Nach Ablauf der Marinierzeit 4 l Wasser zum Kochen bringen. Überschüssige Marinade von der Fleischmischung abtropfen lassen und weggießen. In einer schweren Pfanne oder einem Wok 1½ EL Sonnenblumenöl erhitzen. Die Fleischmischung hinzufügen und 1 Minute braten. Dann auf einem großen Teller verteilen, damit es rasch abkühlt, und beiseite stellen.

Die Nudeln in das kochende Wasser geben. Nach 3 Minuten die erste Garprobe machen – die Nudeln sollten gar, aber noch bißfest sein. Abgießen, abtropfen lassen und in eine große Schüssel füllen. Die restliche Marinade dazugeben und untermischen.

Zum Anrichten die Gurkenscheiben überlappend um den Rand einer großen Platte legen. Die Nudeln in die Mitte geben – die Gurkenscheiben werden dabei teilweise bedeckt. In die Mitte der Nudeln eine flache Mulde eindrücken und die Fleischmischung hineinlöffeln. Anschließend die Sesamkörner darüberstreuen und das Gericht mit einigen frischen Korianderstengeln garnieren. Kalt, aber ungekühlt servieren.

ANMERKUNG: *Eine köstliche Beilage zu diesem Gericht ist ein farbenfroher Obstsalat, den man in ungesüßter Kokosmilch (siehe Rezeptanmerkung S. 110) und frischem Zitronensaft schwenkt und mit Minze garniert.*

Nudelsalat mit Rindfleisch und Tomaten

Portionen: 6
Arbeitszeit: etwa 30 Minuten
Gesamtzeit: etwa 1 Stunde

Kal. **265**
Joule **1115**
Prot. **16 g**
Chol. **30 mg**
Fett insg. **6 g**
Ges. Fetts. **2 g**
Natr. **340 mg**

250 g Glas- oder Reis-Bandnudeln
Zwei Filetsteak (je 175 g) vom Rind
60 g rote Zwiebeln, in dünne Scheiben geschnitten
Abgeriebene Schale von 1 ungespritzten Limette
4 EL frischer Limettensaft
2 TL feingehackte frische Korianderblätter
2 TL sehr fein gehacktes frisches Zitronengras oder 1½ TL abgeriebene Schale von 1 ungespritzten Zitrone
2 TL feingehackte frische Minze
½ TL feingehackte scharfe Chilischote (Anmerkung S. 33) oder ½ TL Sambal Oelek
½ TL feingehackter Knoblauch
3 EL salzarme Sojasauce
1 EL Sonnenblumenöl
½ TL Zucker
2 kleine Kopfsalat
3 reife Tomaten, in dünne Scheiben geschnitten
Minzeblätter zum Garnieren

Die Steaks grillen, so daß sie innen noch leicht blutig sind, und abkühlen lassen. Die Steaks längs halbieren, die Hälften in 3 mm dicke Streifen schneiden, in eine Schüssel geben und mit den Zwiebelscheiben vermengen. Die Mischung beiseite stellen.

In einer großen Schüssel Limettensaft und -schale, Korianderblätter, Zitronengras oder Zitronenschale, Minze, gehackte Chilischote oder Sambal Oelek, Knoblauch, Sojasauce, Öl und Zucker verrühren. Eine Hälfte dieser Mischung über das Rindfleisch und die Zwiebeln gießen, die andere Hälfte für die Nudeln beiseite stellen. Die Marinade gut unter das Fleisch mischen, die Schüssel mit Folie oder einem Teller abdecken und bei Raumtemperatur 30 Minuten marinieren.

Die Nudeln mit kochendem Wasser bedecken und je nach Dicke 10 bis 15 Minuten einweichen, bis sie gerade ▶

bißfest sind. Die Nudeln abgießen, mit kaltem Wasser abspülen und abtropfen lassen. Anschließend in ein sauberes Küchenhandtuch wickeln und möglichst viel Wasser herausdrücken, dann in 15 cm lange Stücke schneiden und in der beiseite gestellten Marinade schwenken.

Zum Anrichten einige Salatblätter auf jeden der sechs Teller legen. Am Rand jeweils einige Tomatenscheiben halbmondförmig auf den Salatblättern arrangieren und die Nudeln danebengeben. Das Fleisch auf den Nudeln anrichten und die Zwiebelstreifen wie Blütenblätter um das Fleisch arrangieren. Den Salat mit Minzeblättern garnieren und kalt, aber ungekühlt servieren.

ANMERKUNG: *Um die Zwiebelgarnierung interessanter zu gestalten, halbiert man eine Zwiebel längs und schneidet eine Hälfte – wiederum längs – in halbmondförmige Streifen.*

Nonya-Reisnudeln mit Garnelen

NONYA-GERICHTE BESTEHEN AUS EINER KOMBINATION VON CHINESISCHEN UND MALAYSISCHEN ZUTATEN UND SIND BESONDERS GEHALTVOLL UND WÜRZIG. DIE NONYA-KÜCHE ENTWICKELTE SICH IM 19. JAHRHUNDERT, ALS CHINESISCHE BERGLEUTE IN DEN ZINNGRUBEN VON MALAYSIA ARBEITETEN.

Portionen: 6
Arbeits- und Gesamtzeit: etwa 45 Minuten

Kal. **350**
Joule **1470**
Prot. **15 g**
Chol. **60 mg**
Fett insg. **8 g**
Ges. Fetts. **3 g**
Natr. **360 mg**

350 g Reis-Bandnudeln
375 g kleine Garnelen geschält
2 TL sehr fein gehacktes frisches Zitronengras oder 1½ TL abgeriebene Schale von 1 ungespritzten Zitrone
1 TL sehr fein gehackte frische Ingwerwurzel
½ TL sehr fein gehackter Knoblauch
½ TL Salz
2 EL Sonnenblumenöl
⅛ l ungesüßte Kokosmilch
⅜ l ungesalzene Hühnerbrühe, auf ¼ l eingekocht
6 EL frischer Zitronensaft
2 TL salzarme Sojasauce
2 TL süße Chilisauce
2 TL gemahlener Koriander
1 große Zwiebel, längs halbiert und in dünne Scheiben geschnitten
1 rote Paprikaschote, entkernt und Rippen entfernt, in dünne Streifen geschnitten
1 Zitrone, in Achtel geschnitten (nach Belieben)
1 Bund Brunnenkresse (nach Belieben)

Die Reisnudeln mit kochendem Wasser bedecken und 15 Minuten einweichen. In einer großen Schüssel Garnelen mit Zitronengras, Ingwer, Knoblauch und Salz mischen. (Wird anstelle von Zitronengras abgeriebene Zitronenschale verwendet, diese inzwischen beiseite stellen.)

In einem heißen Wok oder einer schweren Pfanne 1 EL Öl bei hoher Temperatur erhitzen. Die Garnelenmischung dazugeben und etwa 3 Minuten unter Rühren braten, bis die Garnelen fast gar sind, dann auf eine Platte heben. Die im Wok befindliche Flüssigkeit herausgießen, beiseite stellen und den Wok auswischen.

In einem Topf Kokosmilch, Brühe, Zitronensaft, Soja- und Chilisauce mischen und die Flüssigkeit gerade zum Kochen bringen. Im Wok den restlichen Eßlöffel Öl erhitzen. Koriander und Zwiebelscheiben hinzufügen und etwa 4 Minuten vorsichtig unter Rühren braten, bis die Zwiebeln weich sind. Die Paprikastreifen dazugeben und die Mischung noch einmal 1 Minute unter Rühren braten.

Die Nudeln abgießen, abtropfen lassen und zu der Paprika-Zwiebel-Mischung in den Wok füllen. Die Kokosmilchmischung und den beiseite gestellten Garnelensaft hineingießen. Alles unter Rühren bei mittlerer Hitze garen, bis fast die gesamte Flüssigkeit verdampft ist. Wenn anstelle des Zitronengrases abgeriebene Zitronenschale verwendet wird, diese nun hinzufügen. Die Garnelen unterrühren und kurz erhitzen. Das Gericht auf eine vorgewärmte Platte geben, nach Belieben mit Zitronenspalten und Brunnenkresse garnieren und sofort servieren.

ANMERKUNG: *Wenn ungesüßte Kokosmilch nicht erhältlich ist, kann man sie selbst zubereiten: ½ Tasse ungesüßte Kokosflocken mit ⅛ l siedend heißem Wasser im Mixer verrühren, dann die Mischung durch ein Sieb geben.*

Burmesische Curry-Nudeln mit Jakobsmuscheln und Brokkoli

Portionen: 6
Arbeits- und Gesamtzeit: etwa 35 Minuten

Kal. **280**
Joule **1175**
Prot. **26 g**
Chol. **25 mg**
Fett insg. **9 g**
Ges. Fetts. **1 g**
Natr. **440 mg**

350 g Reisnudelquadrate oder anders geformte Reisnudeln
3 EL Sonnenblumenöl
1 große Zwiebel, gehackt
3 TL feingehackter Knoblauch
1 EL feingehackte frische Ingwerwurzel
1 TL gemahlene Kurkuma
½ TL gemahlener Kreuzkümmel
1 EL gemahlener Koriander
350 g Brokkoliröschen
1½ TL abgeriebene Schale von 1 ungespritzten Orange
4 EL frischer Orangensaft
2 EL frischer Zitronensaft
½ TL Salz
350 g Jakobsmuscheln, waagerecht halbiert
4 Frühlingszwiebeln, geputzt und feingehackt
250 g Wasserkastanien aus der Dose, gewaschen und in Scheiben geschnitten
50 g Schalotten (nach Belieben), in 4 EL Sonnenblumenöl knusprig gebraten und auf Küchenkrepp entfettet

In einem heißen Wok oder einer schweren Pfanne 1 EL Öl bei mittlerer Temperatur erhitzen. Gehackte Zwiebel, 1 TL Knoblauch, Ingwer, Kurkuma, Kreuzkümmel und Koriander hinzufügen und etwa 15 Minuten unter gelegentlichem Rühren braten, bis die Zwiebeln weich und goldbraun sind – gegebenenfalls Wasser dazugeben, damit sie nicht ansetzen.

In einer großen, schweren Pfanne bei mittlerer Temperatur 1 EL Öl erhitzen, 1 TL Knoblauch hinzufügen und unter Rühren 30 Sekunden anbraten. Die Brokkoliröschen dazugeben, den Deckel auflegen und die Mischung 3 Minuten dünsten. Den Deckel abnehmen und alles noch einmal unter Rühren etwa 1 Minute weitergaren, bis die Brokkoliröschen weich sind.

In der Zwischenzeit alle Nudeln wegwerfen, die noch zusammenkleben. Die restlichen Nudeln in 4 l kochendes Wasser mit 2 TL Salz geben. Nach 5 Minuten die erste Garprobe machen – die Nudeln sollten gar, aber noch bißfest sein. Abgießen, abtropfen lassen, zu der Zwiebelmischung hinzufügen und vorsichtig untermengen. Abgeriebene Orangenschale, Orangen- und Zitronensaft sowie Salz dazugeben und alles gut durchmischen.

Den restlichen Eßlöffel Öl in einem Wok oder einer Pfanne erhitzen. Die halbierten Jakobsmuscheln, den verbliebenen Knoblauch, die gehackten Frühlingszwiebeln und die in Scheiben geschnittenen Wasserkastanien hinzufügen und 1 bis 2 Minuten unter Rühren braten, bis Muscheln und Gemüse fast gar sind.

Die Nudeln auf einer vorgewärmten Servierplatte anrichten. Die Brokkoliröschen um die Nudeln herum verteilen und die Jakobsmuscheln darüberschöpfen. Das Gericht gegebenenfalls mit den gebratenen Schalotten garnieren und sofort servieren.

Garnelentaschen

Portionen: 8 (als Vorspeise)
Arbeits- und Gesamtzeit: etwa 1 Stunde und 30 Minuten

Kal. **210**
Joule **880**
Prot. **12 g**
Chol. **25 mg**
Fett insg. **9 g**
Ges. Fetts. **3 g**
Natr. **275 mg**

250 g Mehl

4 EL Sonnenblumenöl (zum Braten)

Garnelenfüllung

350 g gekochte Garnelen, geschält und feingehackt

4 getrocknete Shiitakepilze oder chinesische schwarze Pilze, 20 Minuten in siedend heißem Wasser eingeweicht, abgetropft, die Stiele entfernt, gehackt

250 g Wasserkastanien aus der Dose, gewaschen, abgetropft und feingehackt

4 Frühlingszwiebeln, geputzt und feingehackt

1 EL feingehackte frische Ingwerwurzel

2 TL feingehackter Knoblauch

2 TL salzarme Sojasauce

1 TL trockener Sherry

½ TL dunkles Sesamöl

⅛ TL chinesische Chilisauce oder Tabascosauce

Scharfe Dipsauce

2 EL salzarme Sojasauce

2 EL Reisweinessig

½ TL dunkles Sesamöl

½ TL Zucker

2 TL feingehackte frische Ingwerwurzel

1 TL feingehackter Knoblauch

⅛ TL asiatische Chilisauce oder Tabascosauce

1 TL in Scheiben geschnittene Frühlingszwiebeln

Den Teig für die Teigtaschen, wie in Arbeitsgang 1 und 2 auf der gegenüberliegenden Seite gezeigt, herstellen.

Während der Teig ruht, die Füllung und die Dipsauce zubereiten. Die feingehackten Garnelen mit den übrigen Zutaten für die Füllung in eine große Rührschüssel geben und alles gut vermengen. Die Schüssel abdecken und in den Kühlschrank stellen, bis die Teighüllen fertig sind.

Alle Zutaten für die scharfe Dipsauce verrühren und dann beiseite stellen.

Die Teighüllen, wie in Arbeitsgang 2 und 3 beschrieben, herstellen; dabei jeweils immer nur einige Scheiben von der Teigrolle abschneiden, damit sie nicht austrocknen. Teigtaschen dann, wie in Arbeitsgang 4 bis 6 beschrieben, füllen und formen. (Die Teigtaschen lassen sich auch im voraus zubereiten und können – mit Klarsichtfolie abgedeckt – auf einem leicht bemehlten Tablett im Kühlschrank aufbewahrt werden.)

Die Garnelentaschen in zwei Partien garen: 2 EL Sonnenblumenöl bei hoher Temperatur in eine große, schwere Pfanne gießen. Die Hälfte der Teigtaschen nebeneinander in das Öl legen – sie dürfen sich aber nicht berühren. Die Kochstelle auf mittlere Temperatur herunterschalten. Die Teigtaschen anbraten, bis die Unterseiten goldbraun sind, dann Wasser angießen, bis sie zu zwei Dritteln bedeckt sind. Den Deckel auflegen und die Taschen 8 bis 10 Minuten garen, bis sie fast die gesamte Flüssigkeit aufgenommen haben. Die Garnelentaschen mit einem Schaumlöffel herausheben, auf Küchenkrepp abtropfen lassen und auf eine vorgewärmte Servierplatte legen. Die zweite Partie in dem restlichen Sonnenblumenöl anbraten und wie beschrieben garen. Die gefüllten Teigtaschen zusammen mit der Dipsauce servieren.

Chinesische Teigtaschen herstellen

1 *DEN TEIG ZUBEREITEN. Die Hälfte des Mehls in 5 cl kaltem Wasser verrühren, so daß ein trockener, krümeliger Teig entsteht. In einer anderen Schüssel das restliche Mehl mit ⅛ l kochendem Wasser zu einem weichen Teig verrühren.*

2 *DEN TEIG KNETEN. Den weichen Teig auf der leicht bemehlten Arbeitsfläche 2 Minuten kneten, dann den trockenen Teig behutsam unterarbeiten und alles 5 Minuten glattkneten. Den Teig abdecken und 30 Minuten ruhen lassen. Die Teigkugel anschließend halbieren und beide Stücke zu etwa 4 cm Durchmesser rollen.*

3 *DIE TEIGHÜLLEN AUSROLLEN. Von einer der Teigrollen drei oder vier etwa 1 cm dicke Scheiben abschneiden und in Mehl wenden. Die Teigscheiben zu gleichmäßigen, etwa 9 cm großen runden Blättern ausrollen. Die Teigblätter mit Klarsichtfolie abdecken und beiseite stellen. Den restlichen Teig ebenso verarbeiten.*

4 *DIE FÜLLUNG DARAUFSETZEN. Auf jede Teighülle – dicht neben der Mitte – einen gehäuften Teelöffel Füllmasse setzen. Den Teigrand mit kaltem Wasser bestreichen und das Teigblatt in der Mitte zusammenfalten. Die Teigränder fest zusammendrücken.*

5 *DEN RAND FALTEN. Mit Daumen und Zeigefinger auf jeder Seite der Teigtasche zwei oder drei Falten legen und dabei die Ränder so verbinden, daß die Füllung prall in der Teigtasche sitzt. Auf diese Weise entsteht eine Halbmondform.*

6 *DEN HALBMOND BIEGEN. Um die Halbmondform noch zu verstärken, die beiden seitlichen Enden nach vorn biegen und zusammenkneifen. Die Tasche auf eine leicht bemehlte Fläche legen und die übrigen Teighüllen genauso verarbeiten.*

Thailändisches Huhn mit Glasnudeln

Portionen: 4
Arbeitszeit: etwa 30 Minuten
Gesamtzeit: etwa 1 Stunde

Kal. **220**
Joule **925**
Prot. **18 g**
Chol. **40 mg**
Fett insg. **4 g**
Ges. Fetts. **1 g**
Natr. **345 mg**

60 g Glasnudeln, zusammengebunden
1½ l ungesalzene Hühnerbrühe
250 g Hühnerbrust ohne Haut und Knochen
30 g Mu-err-Pilze (Wolkenohren), 20 Minuten in siedend heißem Wasser eingeweicht, dann in dünne Streifen geschnitten (Anmerkung Rezept S. 125)
3 Stengel frisches Zitronengras, mit dem Messerrücken zerdrückt und verknotet, oder 1½ TL abgeriebene Schale von 1 ungespritzten Zitrone
2 Zitrusblätter oder 1 EL frischer Limettensaft
4 dünne Scheiben frische Ingwerwurzel
10 Knoblauchzehen, abgezogen
2 TL Fischsauce
2 EL süße Chilisauce
Frische Korianderblätter zum Garnieren

Die Brühe in einen schweren Schmortopf gießen und zum Kochen bringen. Glasnudeln, Hühnerbrust, Pilzstreifen, gegebenenfalls Zitronenschale und Zitrusblätter hinzufügen. (Werden anstelle von Zitronengras und Zitrusblättern abgeriebene Zitronenstreifen und Limettensaft verwendet, diese noch nicht dazugeben.)

Ingwerscheiben und die Knoblauchzehen auf Holzspießchen stecken und zusammen mit der Fischsauce in die Brühe geben. Den Deckel auflegen, den Schmortopf von der Kochstelle nehmen und 30 Minuten stehenlassen, damit das Fleisch und die Glasnudeln in der Brühe garziehen können.

Die Hühnerbrust aus der Brühe heben und zum Abkühlen beiseite stellen. Zitronengras, Ingwer und Knoblauch herausnehmen und wegwerfen.

Wenn das Hühnerfleisch abgekühlt ist, wird es mit den Fingern zerpflückt. Die Nudeln aus der Brühe nehmen und die Schnur entfernen, dann in 5 cm lange Stücke schneiden. Die Brühe wieder erhitzen, Hühnerfleisch, Nudeln und süße Chilisauce hinzufügen. Werden ersatzweise abgeriebene Zitronenschale und Limettensaft verwendet, diese nun dazugeben. Die Suppe in einzelne Schalen schöpfen und die einzelnen Portionen mit Korianderblättern garnieren. Sofort servieren.

Beijing-Nudeln mit Lammfleisch und Frühlingszwiebeln

Portionen: 4
Arbeitszeit: etwa 40 Minuten
Gesamtzeit: etwa 2 Stunden

Kal. **395**
Joule **1660**
Prot. **23 g**
Chol. **35 mg**
Fett insg. **21 g**
Ges. Fetts. **8 g**
Natr. **405 mg**

250 g frische chinesische Weizennudeln (Eiernudeln) oder 175 g getrocknete Vermicelli
2 Bund Frühlingszwiebeln
2 EL Sonnenblumenöl
250 g Lammschulter ohne Knochen, das Fett abgeschnitten
4 große Knoblauchzehen, in Scheiben geschnitten
¼ l ungesalzene Lamm- oder Rindfleischbrühe
⅛ l Rotwein
1 EL salzarme Sojasauce
1 TL Chilipaste mit Knoblauch
250 g Wasserkastanien aus der Dose, abgespült, abgetropft und in Scheiben geschnitten
1 Sternanisfrucht

Ein Bund Frühlingszwiebeln putzen und hacken. In einer heißen schweren Pfanne 1 EL Öl bei mittelhoher Temperatur erhitzen. Das Lammfleisch hinzufügen, rundum anbraten, dann in einen schweren, etwa 2 l fassenden Topf heben und beiseite stellen. Knoblauchscheiben und gehackte Frühlingszwiebeln in die Pfanne geben. Bei mittlerer Hitze 3 Minuten unter Rühren braten und gegebenenfalls etwas Wasser hinzufügen, damit sie nicht ansetzen.

Die Brühe in die Pfanne gießen, angesetzte Rückstände von den Seiten abschaben und den Pfanneninhalt in den Topf mit dem Lammfleisch füllen. Wein, Sojasauce, Chilipaste, die in Scheiben geschnittenen Wasserkastanien und den Sternanis hinzufügen. Die Flüssigkeit zum Kochen bringen, dann auf schwache Hitze herunterschalten und den Deckel auflegen. Alles etwa 1 Stunde und 15 Minuten simmern lassen, bis das Fleisch weich ist – während dieser Zeit wird es einmal gewendet.

Wenn das Lammfleisch gegart ist, 4 l Wasser mit 2 TL Salz zum Kochen bringen.

Lammfleisch, Wasserkastanien und Sternanis aus der Schmorflüssigkeit nehmen. Den Sternanis wegwerfen und die Flüssigkeit beiseite stellen. Wenn das Fleisch abgekühlt ist, wird es mit den Fingern zerpflückt. Die restlichen Frühlingszwiebeln schräg in ovale Scheiben schneiden. Den verbliebenen Eßlöffel Öl bei hoher Temperatur in einer Pfanne erhitzen. Die Frühlingszwiebeln hinzufügen und 1 Minute unter Rühren braten. Lammfleisch und Wasserkastanien untermischen und alles noch einmal 1 Minute unter Rühren braten.

Die Nudeln in das kochende Wasser geben. Die Schmorflüssigkeit wieder erhitzen. Die Nudeln erstmals nach 3 Minuten probieren und kochen, bis sie gar, aber noch bißfest sind. Die Nudeln abtropfen lassen, unter die Schmorflüssigkeit mischen und auf einer vorgewärmten Servierplatte anrichten. Die Lammfleischmischung darauf verteilen und das Gericht sofort servieren.

ANMERKUNG: *Die getrockneten Früchte des Sternanis schmecken ähnlich wie Anissamen. Gemahlener Sternanis ist Bestandteil des chinesischen Fünf-Gewürz-Pulvers.*

Entenfleisch-Wan-tans mit Ingwer-Pflaumen-Sauce

MU-ERR-PILZE WERDEN AUCH WOLKENOHREN, JUDASOHREN, HOLUNDERPILZE ODER HOLZOHREN GENANNT. MAN KAUFT SIE ALS KLEINE STÜCKE, DIE STARK AUFQUELLEN, WENN MAN SIE IN HEISSEM WASSER EINWEICHT. VOR DEM HACKEN WIRD DER HARTE INNERE TEIL DER PILZE ENTFERNT.

Portionen: 6 (36 Wan-tans)
Arbeitszeit: etwa 1 Stunde
Gesamtzeit: etwa 1 Stunde und 30 Minuten

Kal. **195**
Joule **820**
Prot. **19 g**
Chol. **45 mg**
Fett insg. **3 g**
Ges. Fetts. **1 g**
Natr. **470 mg**

36 Wan-tan-Teigblätter (Rezept S. 113)
1 l ungesalzene Hühner- oder Entenbrühe
Brunnenkresse zum Garnieren

Enten-Frühlingszwiebel-Füllung

250 g Entenbrust oder Putenfleisch vom Oberschenkel, feingehackt
2 EL trockener Sherry
1 EL dunkler chinesischer Essig oder Balsamessig
1 Eiweiß
1 Knoblauchzehe, feingehackt
4 EL gehackte Frühlingszwiebeln
1 EL Hoisinsauce
6 EL gehackte Wasserkastanien
2 getrocknete Shiitakepilze oder chinesische schwarze Pilze, 20 Minuten in siedend heißem Wasser eingeweicht, abgetropft, die Stiele entfernt, ausgedrückt und gehackt
2 EL Mu-err-Pilze, eingeweicht und sehr fein gehackt
Frisch gemahlener schwarzer Pfeffer

Ingwer-Pflaumen-Sauce

1 kg Pflaumen in Sirup aus der Dose, abgetropft
1 EL Maisstärke, mit 2 EL Wasser verrührt
1 TL feingehackte frische Ingwerwurzel
1 Knoblauchzehe, feingehackt
¼ l ungesalzene Hühner- oder Entenbrühe
1 EL salzarme Sojasauce
1 EL Reisweinessig
¼ TL Salz

Die Zutaten für die Füllung der Teigtaschen in einer großen Schüssel mischen.

Zur Zubereitung der Ingwer-Pflaumen-Sauce die Pflaumen entsteinen und die Haut abziehen, dann das Fruchtfleisch mit einer Gabel zerdrücken (es sollte etwa 1 Tasse Fruchtfleisch ergeben). Das Pflaumenpüree bei mittlerer Hitze in einen Topf geben und die angerührte Maisstärke hineinrühren. Die restlichen Saucenzutaten hinzufügen und ununterbrochen rühren, bis die Sauce kocht und dick wird. Die Sauce beiseite stellen.

Die Wan-tan-Teighüllen wie auf S. 113 (Arbeitsgang 1 bis 4) herstellen, dabei jedoch etwa 30 g mehr Mehl und etwas mehr Wasser verwenden, weil ja mehr Teighüllen benötigt werden als in jenem Rezept vorgesehen sind. Dann etwa 1½ TL Füllmasse in die Mitte einer Wan-tan-Hülle setzen. Mit einem Finger oder Backpinsel zwei angrenzende Ränder des Teigblattes mit Wasser anfeuchten. Das Teigblatt wie auf S. 113 gezeigt umfalten und zu einem Wan-tan formen. Die übrigen Teigblätter auf die gleiche Weise füllen und falten. Teigplatten und fertige Wan-tans mit einem feuchten Küchenhandtuch abdekken, damit sie nicht austrocknen.

In eine große, flache Pfanne etwa 3 cm hoch Brühe gießen. Die Brühe zum Simmern bringen und vorsichtig einen Teil der Teigtaschen hineinheben. Die Wan-tans sollten nebeneinander Platz haben, sich kaum berühren und etwa gut 1 cm hoch mit Brühe bedeckt sein. Wenn die Brühe wieder simmert, den Deckel halb auflegen und die Taschen etwa 8 Minuten garen.

Die Wan-tans mit einem Schaumlöffel auf eine vorgewärmte Platte heben. Zum Warmhalten mit Alufolie abdecken, während die restlichen Taschen gegart werden, und falls notwendig, noch etwas Brühe nachgießen. Die Sauce wieder erhitzen.

Auf sechs vorgewärmten Tellern je ein halbes Dutzend Teigtaschen anrichten. Mit Brunnenkresse garnieren und sofort servieren, die Sauce getrennt dazu reichen.

ANMERKUNG: *Sowohl Füllung als auch Sauce können bis zu 24 Stunden im voraus zubereitet und im Kühlschrank aufbewahrt werden. Anstatt der in diesem Rezept verwendeten hausgemachten Teighüllen kann man auch getrocknete Wan-tans nehmen, die in asiatischen Lebensmittelgeschäften verkauft werden.*

Kurz in Ingwer, Sojasauce und Sesamöl gebratener Brokkoli ist eine farbenfrohe Beilage für die Wan-tans.

Vier-Jahreszeiten-Körbchen mit süßsaurer Sauce

Portionen: 6 (als Vorspeise)
Arbeits- und Gesamtzeit: etwa 1 Stunde und 30 Minuten

Kal. **150**
Joule **630**
Prot. **12 g**
Chol. **25 mg**
Fett insg. **4 g**
Ges. Fetts. **1 g**
Natr. **200 mg**

175 g Gyoza-Teighüllen oder 175 g Wan-tan-Teighüllen, zu Kreisen geschnitten
175 g mageres Schweinefleisch, Fett abgeschnitten, das Fleisch feingehackt
60 g Garnelen, geschält und feingehackt
1 EL trockener Sherry
2 TL frisch geriebene Ingwerwurzel
1 Knoblauchzehe, sehr fein gehackt
3 Frühlingszwiebeln, geputzt und sehr fein gehackt
60 g Möhre, geraspelt
2 TL salzarme Sojasauce
½ TL frischer Zitronensaft
2 TL sehr fein gehackte Korianderblätter
4 EL in Würfel geschnittene Wasserkastanien
2 getrocknete Shiitakepilze oder chinesische schwarze Pilze, 20 Minuten in siedend heißem Wasser eingeweicht, die Stiele entfernt, in ½ cm große Quadrate geschnitten
1 Achtel einer roten Paprikaschote, entkernt und die Rippen entfernt, in ½ cm große Quadrate geschnitten
2 EL Erbsen

Süßsaure Sauce

3 EL gefrorenes Orangensaftkonzentrat
4 EL ungesalzene Hühnerbrühe
2 EL frischer Zitronensaft
2 EL Reisweinessig
1 EL Austernsauce
1 EL Zucker
1 EL ungesalzenes Tomatenmark
2 TL Maisstärke

Die Zutaten für die süßsaure Sauce in einem kleinen Topf verrühren, bis sich die Maisstärke aufgelöst hat. Die Sauce zum Kochen bringen und so lange rühren, bis sie dick wird. Den Topf beiseite stellen.

Für die Zubereitung der Füllung in einer großen Schüssel das gehackte Schweine- und Garnelenfleisch, Sherry, Ingwer, Knoblauch, Frühlingszwiebelstücke, die geraspelte Möhre, Sojasauce, Zitronensaft, Korianderblätter und 3 EL der in Würfel geschnittenen Wasserkastanien mischen. Knapp 1 TL Füllung in die Mitte einer Gyoza- oder Wan-tan-Teighülle setzen und ein Körbchen formen *(siehe rechts)*. Die vier Öffnungen etwas weiten und in jede ein Pilz- und Paprikastück, eine Erbse und einen Wasserkastanienwürfel stecken.

Den Boden eines Bambusdämpfeinsatzes mit Küchenkrepp auslegen oder mit einem Backpinsel dünn mit Öl ausstreichen. Möglichst viele Körbchen hineinsetzen – sie dürfen sich aber nicht berühren. Den Deckel auflegen und den Dämpfer in einen Topf setzen, der etwa 2 cm hoch mit Wasser gefüllt ist. Die Körbchen bei hoher Temperatur 8 Minuten dämpfen, dann herausnehmen und auf ein Tablett oder eine Servierplatte heben. Mit Alufolie abdekken und zum Warmhalten in den warmen Backofen stellen. Die restlichen Körbchen auf die gleiche Weise garen – vor jeder neuen Partie den Boden des Dämpfers erneut dünn mit Öl ausstreichen.

In der Zwischenzeit die Dipsauce bei niedriger Temperatur unter gelegentlichem Rühren wieder erhitzen. Die Körbchen heiß servieren und die süßsaure Dipsauce getrennt dazu reichen.

ANMERKUNG: *Rezepte für hausgemachte Teigtaschen finden Sie auf S. 113 und S. 120. Für eine einfachere Variante der Körbchen werden die Außenränder der Teigplatte um die Füllung herum hochgebogen, so daß ein kleiner Becher entsteht. Jeweils ein Stück der verschiedenen Garnierungen hineinlegen und die Teigtaschen wie beschrieben dämpfen.*

Vier-Jahreszeiten-Körbchen

1 *DIE KÖRBCHEN FORMEN. In die Mitte eines Gyoza- oder runden Wan-tan-Teigblattes die Füllung setzen. Zuerst den oberen und unteren, dann den linken und rechten Teigrand über der Füllung zusammendrücken. Den Teig eventuell anfeuchten, damit er besser aneinanderklebt.*

2 *MIT DEM GEMÜSE FÜLLEN. Die Öffnungen weiten und in jede ein anderes Gemüsestückchen stecken. Die restlichen Teigblätter ebenso füllen und falten. Dann die Körbchen dämpfen.*

Ma-Po-Sichuan-Nudeln

Portionen: 4
Arbeits- und Gesamtzeit: etwa 25 Minuten

Kal. **305**
Joule **1280**
Prot. **27 g**
Chol. **30 mg**
Fett insg. **13 g**
Ges. Fetts. **3 g**
Natr. **470 mg**

250 g dünne getrocknete Weizennudeln oder Fettuccine

250 g mageres Schweinefleisch, Fett entfernt, in Würfel geschnitten

2 TL fermentierte schwarze Bohnen, abgespült und abgetropft

2 EL trockener Sherry

2 TL feingehackte frische Ingwerwurzel

4 Frühlingszwiebeln, in dünne Ringe geschnitten

6 getrocknete Shiitakepilze oder chinesische schwarze Pilze, 20 Minuten in siedend heißem Wasser eingeweicht, abgetropft, die Stiele entfernt, in Würfel geschnitten, das Weichwasser beiseite gestellt

2 TL Hoisinsauce

2 TL salzarme Sojasauce

1 bis 2 TL Chilipaste mit Knoblauch

¼ l ungesalzene Hühnerbrühe, auf ⅛ l eingekocht

1 TL Maisstärke

1 EL Sonnenblumenöl

½ TL dunkles Sesamöl

Die Fleischwürfel mit schwarzen Bohnen, Sherry, Knoblauch und der Hälfte der Frühlingszwiebelringe mischen und 10 Minuten marinieren. In einem großen Topf Pilzwürfel, Pilzwasser, Hoisin- und Sojasauce, Chilipaste und – mit Ausnahme von 1 EL – die Brühe vermengen. Die Mischung zum Simmern bringen.

Die Nudeln in 4 l kochendes Wasser geben. Nach 3 Minuten die erste Garprobe machen – die fertigen Nudeln sollten gar, aber noch bißfest sein.

Die Nudeln abgießen, abtropfen lassen und in die Brühe mit den Pilzen geben. Die Maisstärke mit dem aufbewahrten Eßlöffel Brühe anrühren, in die Nudeln rühren und alles 3 Minuten simmern lassen.

Das Öl in einem heißen Wok oder einer tiefen, schweren Pfanne bei hoher Temperatur erhitzen. Die Fleischmischung hinzufügen und 1 Minute unter Rühren braten. Den Herd abschalten, Nudeln und Sesamöl dazugeben und auf einer vorgewärmten Servierplatte anrichten. Mit den restlichen Frühlingszwiebeln garnieren.

Japanische Sommernudeln mit Garnelen

Portionen: 6
Arbeits- und Gesamtzeit: etwa 45 Minuten

Kal. **200**
Joule **840**
Prot. **11 g**
Chol. **40 mg**
Fett insg. **1 g**
Ges. Fetts. **0 g**
Natr. **225 mg**

250 g Somen oder Capellini oder Vermicelli

18 mittelgroße Garnelen, geschält, die Schwänze nicht abgetrennt, die Schalen beiseite gestellt

1 Scheibe frische Ingwerwurzel, etwa 3 mm dick

1 EL salzarme Sojasauce

3 EL Mirin

6 getrocknete Shiitakepilze oder chinesische schwarze Pilze, abgespült

Garnierung

Brunnenkresse

2 Frühlingszwiebeln, schräg in dünne Ringe geschnitten, unter kaltem Wasser abgespült und abgetropft

2 EL frisch geriebene Ingwerwurzel

2 EL Wasabi, aus 1½ EL Wasabipulver und so viel Wasser gemischt, daß eine zähe Paste entsteht

In einem Topf ½ l Wasser zum Kochen bringen. Die Garnelen und die Ingwerscheibe hineingeben, den Deckel auflegen, den Topf von der Kochstelle nehmen und 5 Minuten stehenlassen. Die entstandene Brühe durch ein Sieb in einen zweiten Topf gießen, die Garnelen beiseite stellen und den Ingwer entfernen. Die Garnelenschalen in die Brühe geben und zum Kochen bringen. 15 Minuten simmern lassen, dann durch ein Haarsieb zurück in den ersten Topf gießen. Die Schalen entfernen. Die Brühe auf etwa ⅛ l einkochen und abkühlen lassen. Die Sojasauce und 1 EL Mirin hineinrühren und diese Dipsauce auf sechs kleine Schalen verteilen.

In einem Topf die Pilze mit ⅜ l kochendem Wasser übergießen und 10 Minuten weichen lassen. Die restlichen 2 EL Mirin dazugeben und alles etwa 20 Minuten simmern lassen, bis fast die gesamte Flüssigkeit verdampft ist. Sobald die Pilze abgekühlt sind, die Stiele entfernen. Die Hüte halbieren, dabei jedoch nicht die aufgenommene Flüssigkeit herausdrücken.

Die Somen in 1½ l kochendes Wasser geben. Nach 2 Minuten die erste Garprobe machen – die Nudeln sollten gar sein, aber noch Biß haben. Abgießen, abtropfen lassen, unter kaltem Wasser abschrecken und in einer Schüssel mit kaltem Wasser beiseite stellen.

Zum Servieren die Nudeln auf sechs einzelne Glasschalen verteilen. In jede Schale zwei oder drei Eiswürfel geben und so viel Eiswasser (etwa ⅛ l) dazugießen, daß die Nudeln schwimmen. Auf jede Portion die Garnelen und zwei halbe Pilze legen. Mit Brunnenkresse und Frühlingszwiebeln garnieren. Die Schalen auf große Teller stellen und an den Rand jedes Tellers 1 TL geriebene Ingwerwurzel und ein Häufchen Wasabi setzen. Jeweils ein Schälchen mit Dipsauce getrennt dazu reichen.

ANMERKUNG: *Wer ein japanisches Spezialitätengeschäft in der Nähe hat, kann für die Dipsauce anstelle der Garnelenbrühe ⅛ l Dashi – einen Aufguß von getrocknetem Seetang und Bonitostückchen (Thunfisch) – verwenden.*

4 *Eine im Mikrowellengerät gegarte und nach aromatischen Kräutern duftende Spinat-Lasagne, mit Ricotta verfeinert und Tomatensauce bedeckt.*

Pasta im Mikrowellengerät gegart

Auf den ersten Blick scheinen sich Mikrowellengeräte nicht für die Zubereitung von Teigwaren zu eignen, weil Pasta zum Garen schließlich viel Wasser benötigt. Tatsache ist aber, daß sich einige Teigwaren mit verhältnismäßig wenig Wasser im Mikrowellengerät zubereiten lassen – oder sogar ganz ohne Wasser, wenn man es durch Sauce oder Brühe ersetzt.

Das Kunststück liegt darin, nur so viel Flüssigkeit zu den Nudeln zu geben, wie sie zum Weichwerden brauchen, ohne den gewünschten Biß zu verlieren. Dennoch ist stets eine Garprobe erforderlich, damit die Teigwaren nicht zu weich und klebrig werden. Ferner darf man nicht vergessen, daß sie nach dem Herausnehmen aus dem Mikrowellengerät noch mehrere Minuten weitergaren.

In den folgenden neun Rezepten finden sich genaue Angaben darüber, wieviel Sauce, Brühe oder Wasser für ein Nudelgericht jeweils erforderlich ist. (Gart man Teigwaren in Wasser, muß das Gefäß natürlich so tief sein, daß das Wasser nicht überkochen kann. Und Vorsicht: Man kann sich beim Umrühren der Zutaten leicht durch den Wasserdampf verbrühen oder beim Herausnehmen des Gerichtes am heißen Gefäß verbrennen.)

Wer – insbesondere an einem heißen, schwülen Sommertag – nicht gerne einen großen Topf mit kochendem Wasser auf dem Herd stehen hat, der wird an einem Mikrowellengerät viel Gefallen finden. Und das ist nicht der einzige Pluspunkt: Wo in den Rezepten Sauce und Teigwaren zusammen gegart werden, fällt viel weniger Abwasch an, und man spart Zeit, da man die Teigwaren ja nicht vorgaren muß.

Wer einmal entdeckt hat, wie leicht sich nun getrocknete Cannelloni oder Lasagne-Nudeln verarbeiten lassen (beide reißen beim herkömmlichen Garkochen sehr leicht), der wird sicher bald zur Mikrowellenküche bekehrt. Für ein Lasagne-Gericht schichtet man jeweils die getrockneten Nudelblätter, Käse und Sauce übereinander. Cannelloni werden in der Regel ungegart gefüllt und mit Sauce überzogen. Aber am besten probiert man es einmal aus: Rechts finden Sie das Rezept für eine Lasagne mit frischem Spinat und auf S. 138 eines für Cannelloni mit einer fein gewürzten Käsefüllung.

Die Rezepte wurden sowohl in Geräten mit 600 Watt als auch mit 700 Watt getestet. Da die Skaleneinteilung von Gerät zu Gerät variiert, wurde in den nachstehenden Rezepten folgende Einteilung verwendet: „hohe Stufe" gleich 100 Prozent Energie, „mittelhohe Stufe" gleich 70 Prozent Energie und „mittlere Stufe" gleich 50 Prozent Energie. Auf jeden Fall sollten Sie die Herstelleranweisungen für Ihr Mikrowellengerät, die ja auch die Watt-Leistung enthalten, genau lesen und die Garzeiten gegebenenfalls darauf abstimmen. Wenn dünne Klarsichtfolie zum Abdecken eines Gerichtes verwendet wird, das Flüssigkeit enthält, empfiehlt es sich, eine Ecke zurückzuschlagen, damit kein Überdruck entsteht und die Folie platzt.

Spinat-Lasagne

Arbeitszeit: etwa 20 Minuten
Gesamtzeit: etwa 1 Stunde und 15 Minuten

Kal. **495**
Joule **2080**
Prot. **23 g**
Chol. **115 mg**
Fett insg. **29 g**
Ges. Fetts. **25 g**
Natr. **570 mg**

8 Lasagne-Nudeln
30 g Butter
1 mittelgroße Zwiebel, feingehackt
2 Knoblauchzehen, feingehackt
125 g Champignons, geputzt, gewaschen und blättrig geschnitten
800 g Tomaten aus der Dose, abgetropft und grobgehackt, den Saft beiseite gestellt
4 EL ungesalzenes Tomatenmark
4 EL Rotwein
1 EL gehackter frischer oder ½ EL getrockneter Oregano
2 EL gehacktes frisches oder 1 EL getrocknetes Basilikum
2 EL dunkler brauner Zucker
½ TL Salz
Frisch gemahlener schwarzer Pfeffer
2 EL frisch geriebener Parmesankäse
500 g Ricotta-Käse
1 Eiweiß
500 g frischer Spinat, gewaschen, entstielt, 1 Minute in kochendem Wasser blanchiert, gut ausgedrückt und gehackt
250 g Mozzarella-Käse, in dünne Scheiben geschnitten

Für die Sauce die Butter in eine 2 l fassende Glasschüssel geben, mit einem Deckel oder Folie abdecken und bei hoher Stufe für etwa 1 Minute in das Mikrowellengerät stellen, bis die Butter geschmolzen ist. Zwiebel- und Knoblauchstücke sowie Pilzscheiben hinzufügen und in der Butter schwenken. Die Schüssel wieder abdecken und für 2 Minuten bei mittelhoher Stufe (70 Prozent Energie) in das Mikrowellengerät setzen. Die gehackten Tomaten, den beiseite gestellten Tomatensaft, das Tomatenmark, den Wein, Oregano, Basilikum, Zucker, Salz und etwas Pfeffer dazugeben und gut umrühren. Die Schüssel mit Küchenkrepp abdecken und alles 12 Minuten bei hoher Stufe im Mikrowellengerät garen, dabei alle 4 Minuten umrühren. Den Parmesankäse untermengen und die Mischung beiseite stellen.

In einer kleineren Schüssel Ricotta-Käse, Eiweiß und etwas Pfeffer mischen. Den gehackten Spinat hinzufügen und gut umrühren.

Nun in einer flachen, mikrowellenfesten Form von 25 cm Durchmesser die Lasagne zubereiten: Zunächst ⅛ l Sauce gleichmäßig über den Boden der Form ziehen. Vier ungegarte Lasagne-Nudeln nebeneinander in die Sauce legen und mit einer dünnen Schicht Spinatmischung und einer Lage Mozzarellascheiben bedecken. Die Hälfte der restlichen Sauce auf dem Käse verteilen, darauf die übri- ▶

gen Lasagne-Nudeln geben, dann den verbliebenen Spinat, und den Mozzarella-Käse als Abschluß darauf verteilen. Die restliche Sauce darüberschöpfen und die Form mit Folie abdecken. Die Lasagne für 6 Minuten bei hoher Stufe in das Mikrowellengerät stellen, dann auf mittelhohe Stufe (70 Prozent Energie) herunterschalten und noch einmal 20 Minuten garen. Das Gericht vor dem Servieren 15 Minuten stehenlassen.

Tagliatelle alla Carbonara

Portionen: 4
Arbeits- und Gesamtzeit: etwa 20 Minuten

Kal. **440**
Joule **1850**
Prot. **19 g**
Chol. **90 mg**
Fett insg. **18 g**
Ges. Fetts. **8 g**
Natr. **470 mg**

250 g Tagliatelle
100 g dünngeschnittener magerer Frühstücksspeck ohne Schwarte
15 cl fettarme Milch
8 cl fettarme Kaffeesahne
15 g frisch geriebener Parmesankäse
1 Ei und 1 Eiweiß
Frisch gemahlener schwarzer Pfeffer
15 g Butter
2 Knoblauchzehen, zerdrückt
Feingehackte Petersilie zum Garnieren

Einen großen, mikrowellengeeigneten Teller mit einer doppelten Lage Küchenkrepp bedecken. Die Speckscheiben nebeneinander darauflegen, zwei Lagen Küchenkrepp darüberlegen und bei hoher Stufe für 2 bis 2½ Minuten in das Mikrowellengerät stellen, bis er gar ist. Die Scheiben in kleine Stücke schneiden und beiseite stellen.

In eine große Schüssel 2½ l kochendes Wasser gießen, 1½ TL Salz und die Tagliatelle dazugeben. Die Schüssel so zudecken, daß der Dampf noch entweichen kann. Die Nudeln bei hoher Stufe 11 bis 12 Minuten im Mikrowellengerät garen, bis sie *al dente* sind; dabei alle 3 Minuten umrühren. Die Nudeln abgießen, abtropfen lassen, abdecken und warmstellen.

In einer kleinen Schüssel Kaffeesahne, Milch, Parmesankäse, Ei und Eiweiß leicht verschlagen. Die Mischung mit Pfeffer würzen und beiseite stellen.

Die Butter in eine große Schüssel geben und bei hoher Stufe für 30 Sekunden in das Mikrowellengerät stellen, bis die Butter geschmolzen ist. Knoblauch und den Speck hinzufügen und die Schüssel noch einmal für 1 Minute in den Mikrowellenherd setzen.

Die Eier-Sahne-Mischung zu Knoblauch und Speck geben. Alles für 2 bis 2½ Minuten in das Mikrowellengerät stellen, bis die Mischung sehr heiß und leicht eingedickt ist; während dieser Zeit alle 30 Sekunden umrühren. Die Nudeln hinzufügen und alles gut vermengen. Das Gericht in eine große, vorgewärmte Servierschüssel füllen, mit Petersilie bestreuen und sofort servieren.

Conchiglie mit Venusmuscheln und Mais

VOR DEM DÄMPFEN ALLE MUSCHELN WEGWERFEN, DIE SICH BEIM DARAUFKLOPFEN NICHT SCHLIESSEN.

Portionen: 4
Arbeits- und Gesamtzeit: etwa 40 Minuten

Kal. **355**
Joule **1490**
Prot. **17 g**
Chol. **35 mg**
Fett insg. **8 g**
Ges. Fetts. **4 g**
Natr. **135 mg**

250 g mittelgroße Conchiglie
16 Venusmuscheln, die Schalen unter fließendem Wasser saubergebürstet
20 g Butter
2 Frühlingszwiebeln, schräg in dünne, ovale Ringe geschnitten
90 g frische Maiskörner oder 90 g Mais aus der Tiefkühltruhe, aufgetaut
3 EL Mehl
15 cl fettarme Milch
1 EL Paprika, vorzugsweise rosenscharfer
1 Messerspitze Cayennepfeffer
2 EL frisch geriebener Parmesankäse

In eine 2 l fassende Schüssel 4 EL Wasser gießen. Die Schüssel mit einem Deckel oder Folie abdecken und für 1 Minute bei hoher Stufe in das Mikrowellengerät stellen. Die Muscheln dazugeben, die Schüssel wieder abdecken und für etwa 2 Minuten bei hoher Stufe in das Mikrowellengerät setzen, bis sich die Muscheln etwas geöffnet haben. Muscheln, die eventuell noch geschlossen sind, wegwerfen. Das Wasser abgießen und wegschütten und die Muscheln abkühlen lassen.

In eine andere 2 l fassende Schüssel 1¼ l heißes Wasser gießen. Die Schüssel abdecken und für etwa 7 Minuten bei hoher Stufe in das Mikrowellengerät stellen, bis das Wasser kocht. Dann ½ TL Salz und die Conchiglie in das Wasser geben. Die Nudeln zugedeckt bei hoher Stufe für 2 Minuten in das Mikrowellengerät setzen, dann umrühren. Bei mittlerer Stufe (50 Prozent Energie) noch einmal etwa 5 Minuten garen; die Nudeln sollten *al dente* sein. Gut abtropfen lassen und beiseite stellen.

Die Butter in eine 1 l fassende Schüssel geben und bei hoher Stufe für 1 Minute in das Mikrowellengerät setzen. Frühlingszwiebeln und Mais hinzufügen und zugedeckt wiederum für 1 Minute bei hoher Stufe garen.

Die Muscheln über der Schüssel aus den Schalen nehmen, um Saft aufzufangen. Nachdem sich der Sand aus den Muscheln am Boden der Schüssel abgesetzt hat, ⅛ l der Muschelflüssigkeit abgießen und aufbewahren, den Rest wegschütten. Die Muscheln beiseite stellen.

Das Mehl unter die Frühlingszwiebel-Mais-Mischung rühren. Nach und nach die Milch und den aufbewahrten Muschelsaft dazugießen und rühren, bis eine glatte Sauce entsteht. Paprika und Cayennepfeffer untermischen, die Schüssel abdecken und für 90 Sekunden bei hoher Stufe in das Mikrowellengerät setzen. Die Abdeckung entfernen, die Mischung umrühren, die Schüssel zugedeckt noch einmal für 90 Sekunden bei hoher Stufe in das Mikrowellengerät schieben.

Nudeln und Muscheln in eine vorgewärmte Servierschüssel geben, die Sauce darübergießen und alles gut vermengen. Die Schüssel abdecken und für 1 Minute bei hoher Stufe in das Mikrowellengerät stellen. Dann das Gericht mit Käse bestreuen und sofort servieren.

Eiernudeln mit Rindfleisch und Champignons in Sauerrahmsauce

Portionen: 4
Arbeits- und Gesamtzeit: etwa 20 Minuten

Kal. **435**
Joule **1825**
Prot. **26 g**
Chol. **100 mg**
Fett insg. **14 g**
Ges. Fetts. **7 g**
Natr. **445 mg**

250 g breite Eiernudeln
2 TL Sonnenblumenöl
15 g Butter
250 g Champignons, geputzt, gewaschen, die Stiele entfernt und blättrig geschnitten
1 kleine Zwiebel, in dünne Ringe geschnitten
250 g Rinderfilet, in dünne Streifen von etwa 5 cm Länge und gut 1 cm Breite geschnitten
1 Knoblauchzehe, feingehackt
1 TL Senfpulver, mit 1 TL Wasser verrührt
1½ EL Paprika, vorzugsweise rosenscharfer
½ TL Salz
Frisch gemahlener schwarzer Pfeffer
4 EL Sauerrahm
125 g fettarmer Joghurt
4 EL Schnittlauch, grobgehackt

Die Nudeln auf herkömmliche Weise in einem Topf mit 3 l kochendem Wasser und 1½ TL Salz auf dem Herd kochen. Die Nudeln nach 7 Minuten erstmals probieren, sie sollten gar, aber noch *al dente* sein. Abgießen, abtropfen lassen, in dem Öl schwenken und beiseite stellen.

Während die Nudeln garen, die Butter in eine 2 l fassende Schüssel geben, mit einem Deckel oder Folie abdecken und für 30 Sekunden bei hoher Stufe in das Mikrowellengerät stellen. Pilzscheiben und Zwiebelstreifen hinzufügen und vorsichtig in der Butter schwenken. Die Schüssel wieder abdecken und für 2 Minuten bei mittelhoher Stufe (70 Prozent Energie) in das Mikrowellengerät setzen. Filetstreifen, Knoblauch, Senf, 1 EL Paprika, den ½ TL Salz und reichlich schwarzen Pfeffer zu der Zwiebel-Pilz-Mischung geben. Die Schüssel wieder abdecken und alles 5 Minuten bei mittelhoher Stufe (70 Prozent Energie) im Mikrowellengerät garen – nach der halben Garzeit einmal umrühren. Die Schüssel herausnehmen und angesammelte Flüssigkeit abgießen.

Die Nudeln, Sauerrahm und den Joghurt hinzufügen, alles gut mischen, die Schüssel abdecken und für 2 Minuten bei hoher Stufe in das Mikrowellengerät stellen – nach 1 Minute umrühren. Das Gericht auf einer vorgewärmten Servierplatte anrichten. Den restlichen Paprika und den Schnittlauch darüberstreuen und heiß servieren.

Penne mit provenzalischem Gemüse

Kal. **335**
Joule **1410**
Prot. **11 g**
Chol. **5 mg**
Fett insg. **7 g**
Ges. Fetts. **1 g**
Natr. **185 mg**

Portionen: 4
Arbeits- und Gesamtzeit: etwa 40 Minuten

250 g Penne (oder andere kurze Hohlnudeln)
250 g Auberginen
2 Zucchini
2 rote Paprikaschoten, entkernt und Rippen entfernt, in gut 1 cm große Quadrate geschnitten
3 Knoblauchzehen, abgezogen und in dünne Scheiben geschnitten
2 EL frische gehackte Petersilie
¼ TL frischer oder 1 Messerspitze getrockneter Oregano
¼ TL feingehackter frischer Rosmarin oder ⅛ TL getrockneter, zerrieben
¼ TL frischer oder 1 Messerspitze getrockneter Thymian
1 Messerspitze Fenchelsamen
¼ TL Salz
Frisch gemahlener schwarzer Pfeffer
2 EL kaltgepreßtes Olivenöl
½ l ungesalzene Hühnerbrühe
¼ l ungesalzener Tomatensaft

Auberginen und Zucchini längs halbieren, dann wiederum längs in etwa 1 cm breite Keile schneiden und die Keile in 2 cm lange Stücke. Die Stücke zusammen mit den Paprikaquadraten, Knoblauch, Petersilie, Oregano, Rosmarin, Thymian, Fenchelsamen, Salz und etwas Pfeffer in eine mikrowellengeeignete Form geben. Die Form abdekken und für 2 Minuten bei hoher Stufe in das Mikrowellengerät stellen. Dann um 180 Grad drehen und die Gemüse noch einmal etwa 2 Minuten bei hoher Stufe garen, bis sie fast weich sind. Das Öl hineinrühren und die Schüssel danach beiseite stellen.

In einer tiefen Schüssel Penne, Brühe und Tomatensaft mischen. Falls notwendig, so viel Wasser hinzufügen, daß die Nudeln mit Flüssigkeit bedeckt sind. Die Schüssel abdecken und bei hoher Stufe für etwa 15 Minuten in das Mikrowellengerät stellen, bis die Nudeln gar, aber noch bißfest sind – dabei die Schüssel etwa alle 2 Minuten um 90 Grad drehen und die Penne umrühren. Die Nudeln mit einem Schaumlöffel in die Form zu der Gemüsemischung geben und untermengen. Die halbe Garflüssigkeit der Nudeln dazugießen, dann die abgedeckte Form etwa 2 Minuten bei hoher Stufe im Mikrowellengerät erhitzen.

Grüne Tagliatelle mit Scholle

Portionen: 4
Arbeits- und Gesamtzeit: etwa 25 Minuten

Kal. **330**
Joule **1385**
Prot. **19 g**
Chol. **30 mg**
Fett insg. **6 g**
Ges. Fetts. **1 g**
Natr. **325 mg**

250 g grüne Tagliatelle
4 TL kaltgepreßtes Olivenöl
2 Knoblauchzehen, abgezogen und feingehackt
1 EL frischer gehackter Oregano
400 g ganze Tomaten aus der Dose, abgetropft und grobgehackt
⅛ l Fisch- oder Muschelsud
250 g Schollenfilet, in mundgerechte Stücke geschnitten
¼ TL Salz
Frisch gemahlener schwarzer Pfeffer
2 EL frisch geriebener Parmesankäse

Etwa 1¼ l heißes Wasser in eine 2 l fassende Schüssel gießen. Die Schüssel mit einem Deckel oder Folie abdekken und für etwa 6 Minuten bei hoher Stufe in das Mikrowellengerät setzen, bis das Wasser kocht. ½ TL Salz hineinrühren und die Tagliatelle dazugeben. Die Schüssel wieder abdecken und die Nudeln insgesamt etwa 6 Minuten bei hoher Stufe *al dente* garen – nach 3 Minuten umrühren. Die Nudeln abgießen, abtropfen lassen, in 2 TL Öl schwenken und in einer mikrowellenfesten Servierform beiseite stellen.

In einer flachen, 1 l fassenden Form die restlichen 2 TL Öl mit Knoblauch, Oregano und den gehackten Tomaten mischen. Die Schüssel mit einem Deckel oder Folie abdekken und für etwa 90 Sekunden bei mittelhoher Stufe (70 Prozent Energie) in das Mikrowellengerät stellen, bis die Mischung heiß ist. Die Abdeckung entfernen und den Fisch- oder Muschelsud sowie die Schollenstücke untermischen. Die Form wieder abdecken und alles 2 bis 3 Minuten bei hoher Stufe garen, bis der Fisch weich ist und mit einer Gabel leicht zerpflückt werden kann.

Die Fischmischung zu den Tagliatelle geben, mit ¼ TL Salz und etwas Pfeffer würzen und alles gut durchmengen. Die Form abdecken und das Gericht etwa 1 Minute bei hoher Stufe im Mikrowellengerät erhitzen. Anschließend den frisch geriebenen Parmesankäse darüberstreuen und sofort heiß servieren.

Spaghetti mit Knoblauch, Oregano und Petersilie

Portionen: 4
Arbeits- und Gesamtzeit: etwa 30 Minuten

Kal. **290**
Joule **1218**
Prot. **8 g**
Chol. **0 mg**
Fett insg. **8 g**
Ges. Fetts. **1 g**
Natr. **240 mg**

250 g Spaghetti
2 Knoblauchzwiebeln, die Zehen getrennt und abgezogen
¼ TL gehackter frischer oder ⅛ TL getrockneter Oregano
2 EL gehackte frische Petersilie, vorzugsweise glatte
¼ TL Salz
1 Messerspitze Cayennepfeffer
2 EL kaltgepreßtes Olivenöl
1 Zitrone, in Achtel geschnitten

In einer mikrowellenfesten Form die abgezogenen Knoblauchzehen mit Oregano, Petersilie, Salz, Cayennepfeffer und ⅛ l Wasser mischen. Mit einem Deckel oder Folie abdecken und für 6 Minuten bei hoher Stufe in das Mikrowellengerät setzen – dabei die Form alle 2 Minuten drehen. Dann herausnehmen und 2 Minuten stehenlassen. Die Mischung pürieren und beiseite stellen, während die Pasta zubereitet wird.

Die Spaghetti auf herkömmliche Weise in einem Topf mit 3 l kochendem Wasser und 1½ TL Salz garen. Die Nudeln nach 10 Minuten erstmals probieren, sie sollten gar, aber noch *al dente* sein. Abgießen, abtropfen lassen und wieder in den Topf füllen. Das Öl dazugießen und mit den Spaghetti mischen, dann die Knoblauchsauce unterheben. Das Gericht in eine vorgewärmte Servierschüssel geben und mit den Zitronenachteln garnieren.

Cannelloni mit Hüttenkäse und Zucchini

UM SICHERZUSTELLEN, DASS DIE NUDELN VOLLSTÄNDIG GAR WERDEN, MUSS DIE SAUCE HEISS SEIN, WENN SIE ZU DEN GEFÜLLTEN CANNELLONI IN DIE FORM GEGEBEN WIRD.

Portionen: 6
Arbeitszeit: etwa 35 Minuten
Gesamtzeit: etwa 1 Stunde und 30 Minuten

Kal. **470**
Joule **1975**
Prot. **25 g**
Chol. **92 mg**
Fett insg. **16 g**
Ges. Fetts. **9 g**
Natr. **625 mg**

12 Cannelloni (etwa 250 g)
30 g Butter
3 große Schalotten, feingehackt (etwa 3 EL)
2 Knoblauchzehen, feingehackt
1 mittelgroße Möhre, geschält und grobgeraspelt
1 mittelgroße Zucchini, in dünne Scheiben geschnitten
800 g Tomaten aus der Dose, abgetropft und grobgehackt, den Saft aufbewahrt
4 EL Tomatenmark
1 EL gehackter frischer oder ½ EL getrockneter Oregano
2 EL gehacktes frisches oder 1 EL getrocknetes Basilikum
2 EL dunkler brauner Zucker
Frisch gemahlener schwarzer Pfeffer
¼ TL Salz
350 g Hüttenkäse
120 g Mozzarella-Käse, grobgeraspelt
3 Eiweiß
3 EL frische gehackte Petersilie
60 g frisch geriebener Parmesankäse
Basilikumstengel zum Garnieren (nach Belieben)

Die Butter in eine 2 l fassende Schüssel geben, mit einem Deckel oder Folie abdecken und für etwa 30 Sekunden bei hoher Stufe in das Mikrowellengerät stellen, bis die Butter schmilzt. Gehackte Schalotten und Knoblauch, geraspelte Möhre und Zucchinischeiben hinzufügen, das Gemüse in der Butter schwenken und dann 4 Minuten bei mittelhoher Stufe (70 Prozent Energie) im Mikrowellengerät garen. Die gehackten Tomaten mit dem Saft, Tomatenmark, Oregano, Basilikum, braunen Zucker, etwas Pfeffer und das Salz dazugeben und alles gut umrühren. Die Schüssel abgedeckt für 12 Minuten bei mittelhoher Stufe (70 Prozent Energie) in das Mikrowellengerät setzen – dabei alle 4 Minuten umrühren. Die Sauce in der Schüssel beiseite stellen.

Zur Zubereitung der Füllung Hütten- und Mozzarella-Käse sowie Eiweiß, Petersilie und Parmesankäse mischen. Die Masse mit einem kleinen Löffel oder einem Spritzbeutel ohne Tülle vorsichtig in die Cannelloni füllen.

Zur Fertigstellung des Gerichtes die Sauce, falls notwendig, wieder erhitzen und dann die Hälfte auf dem Boden einer flachen, mikrowellenfesten Form verteilen. Die gefüllten Cannelloni nebeneinander in die Form setzen und die restliche Sauce darübergießen. Die Form abdecken und für 10 Minuten bei hoher Stufe in das Mikrowellengerät stellen. Die Cannelloni wenden und abgedeckt noch einmal 17 Minuten bei mittelhoher Stufe im Mikrowellengerät garen. Die Abdeckung entfernen und das Gericht 12 bis 15 Minuten stehenlassen. Nach Belieben mit Basilikum garnieren.

Tomaten mit Farfalline-Füllung

Portionen: 4
Arbeitszeit: etwa 15 Minuten
Gesamtzeit: etwa 30 Minuten

Kal. **295**
Joule **1240**
Prot. **15 g**
Chol. **15 mg**
Fett insg. **11 g**
Ges. Fetts. **6 g**
Natr. **320 mg**

90 g Farfalline (oder andere kleine phantasievoll geformte Nudeln)
4 große, reife Tomaten (etwa 750 g)
30 g Butter
1 kleine Zwiebel, gehackt
½ grüne Paprikaschote, entkernt und Rippen entfernt, gehackt
1 Knoblauchzehe, feingehackt
175 g mageres Hackfleisch vom Rind
½ TL Salz
Frisch gemahlener schwarzer Pfeffer
1 EL Curry
1 TL Paprika, vorzugsweise rosenscharfer
1 Messerspitze Cayennepfeffer
2 TL brauner Zucker

In eine 2 l fassende Schüssel 1 l heißes Wasser mit ½ TL Salz geben. Die Schüssel mit einem Deckel oder Folie abdecken und für etwa 5 Minuten bei hoher Stufe in das Mikrowellengerät stellen, bis das Wasser kocht.

Die Farfalline hineinschütten und wiederum abgedeckt bei hoher Stufe 3 Minuten im Mikrowellengerät garen; nach der halben Garzeit sollte man die Nudeln einmal umrühren. Eine Garprobe machen – wenn die Nudeln noch nicht gar sind, werden sie für eine weitere Minute in das Mikrowellengerät zurückgeschoben und danach noch einmal probiert; sie sollten auf jeden Fall noch Biß haben. Die Farfalline abgießen, abtropfen lassen und in einer Schüssel beiseite stellen.

Einen Deckel von den Tomaten abschneiden, den Stielansatz herausschneiden, das Fruchtfleisch kleinschneiden und zu den Nudeln geben.

Die Butter in einer größeren, abgedeckten Schüssel bei hoher Stufe für 30 Sekunden in das Mikrowellengerät stellen. Gehackte Zwiebel, Paprikaschotenstücke und Knoblauch hinzufügen und gut in der Butter schwenken. Die Schüssel wieder abdecken und für 90 Sekunden bei hoher Stufe in das Mikrowellengerät setzen.

Das Hackfleisch auf einen Teller bröckeln und mit ¼ TL Salz sowie etwas schwarzem Pfeffer würzen. Den Teller mit Küchenkrepp abdecken und das Fleisch insgesamt 90 Sekunden bei hoher Stufe im Mikrowellengerät garen – nach 45 Sekunden umrühren.

Das gegarte Fleisch zu der Zwiebelmischung geben und die auf dem Teller verbliebene Flüssigkeit weggießen. Die Nudel-Tomaten-Mischung, den Curry, Paprika, Cayennepfeffer und Zucker hinzufügen und gründlich umrühren. Die Tomaten innen mit dem restlichen ¼ TL Salz und etwas schwarzem Pfeffer würzen, dann locker mit der Fleisch-Nudel-Mischung füllen.

Die gefüllten Tomaten an den Rand eines mikrowellenfesten Serviertellers setzen, mit Folie abdecken und für insgesamt 7 Minuten bei mittelhoher Stufe (70 Prozent Energie) in das Mikrowellengerät schieben – die einzelnen Tomaten nach halber Garzeit um 180 Grad drehen. Das Gericht herausnehmen und vor dem Servieren abgedeckt noch 2 Minuten stehenlassen.

Glossar

Abschrecken: heißes Kochgut kurz in kaltes Wasser tauchen, damit es nicht mehr weitergart und seine Farbe behält.
Chinesische Eiernudeln: lange, schmackhafte Weizenteigwaren, die es in asiatischen Spezialitätengeschäften frisch, tiefgefroren und getrocknet gibt. Frische Eiernudeln können bis zu fünf Tagen im Kühlschrank aufbewahrt werden. Tiefgefrorene Nudeln vor dem Garen nicht auftauen.
Austernsauce: eine aus Austernextrakt und Gewürzen hergestellte pikante Sauce, die chinesischen Gerichten einen feinen, vollen Geschmack verleiht.
Balsamessig: milder, intensiv duftender Weinessig aus Norditalien, der traditionell mindestens sieben Jahre in Holzfässern reift. Wird bei uns häufig unter seiner italienischen Bezeichnung (aceto balsamico) angeboten.
Bataten (auch Süßkartoffeln): mehlige, süße Knollen eines Windengewächses, die wie Kartoffeln zubereitet werden. Es gibt weiße, rote und gelbe Sorten. Rote Sorten werden häufig auch als Yams angeboten.
Blanchieren: Nahrungsmittel für kurze Zeit in kochendes Wasser geben und anschließend so kalt wie möglich abspülen – entweder, um das Entfernen der Haut, wie z. B. bei Tomaten, zu erleichtern, oder um das Gemüse für einen zweiten Garvorgang, beispielsweise kurzes Erhitzen in einer Sauce, vorzubereiten, da es sonst nicht weich wird.
Bohnenpaste (oder Bohnensauce): dicke braune Würzpaste aus Sojabohnen, Gewürzen und Salz.
Brühe: gute Grundlage für Saucen und Suppen, hergestellt aus längere Zeit in Wasser gekochten, geschmacksintensiven Gemüsesorten und Kräutern oder Geflügel (normalerweise auch Fleisch, Knochen und Innereien). Je länger die Brühe kocht, um so konzentrierter wird ihr Aroma.
Buchweizen: Samen der blühenden Buchweizenpflanze, die nicht mit dem Weizen verwandt ist. Dem Buchweizenmehl fehlen die Proteine, die zur Bildung von Kleber notwendig sind.
Bulgur (auch Burghul): eine Art Weizenschrot, bei dem die Weizenkörner vor dem Zerkleinern gedämpft und getrocknet wurden. Er wird vor allem in Reformhäusern und Läden für makrobiologische Lebensmittel verkauft.
Chilipaste: Paste aus Chilischoten, Salz und anderen Zutaten, die in asiatischen Lebensmittelgeschäften verkauft wird. Zu den verschiedenen Sorten gehören Chilipaste mit Knoblauch und Chilipaste mit schwarzen Bohnen.
Chilischote: scharfe rote, gelbe oder grüne Früchte des Paprikastrauchs. Die fingerartigen asiatischen – und insbesondere die winzigen thailändischen Schoten (auch Chillies genannt) – sind weitaus schärfer als westliche. Sie werden frisch oder getrocknet verwendet und enthalten ätherische Öle, die Haut und Augen reizen können. Man muß deshalb äußerst vorsichtig mit ihnen umgehen (Anmerkung S. 33). Siehe auch Sambal Oelek.
Chinesische Chilisauce: siehe Chilipaste; Tabascosauce; Sambal Oelek; Süße Chilisauce.
Chinesische schwarze Pilze: dunkle getrocknete Pilze mit einem intensiv nach Geräuchertem schmeckenden Aroma. Die größeren Pilze mit rissigen Oberflächen werden als die schmackhaftesten betrachtet. Wie alle getrockneten Pilze muß man sie einweichen und die Stiele entfernen. Siehe auch Pilze, getrocknete chinesische.
Chinesische Wurst: kleine, dünne Hartwurst, die in asiatischen Spezialitätengeschäften angeboten wird. Man sollte sie vor Gebrauch dämpfen oder simmern. Chinesische Wurst kann bis zu einem Monat im Kühlschrank aufbewahrt oder eingefroren werden. Chinesische Schweinswürste – Lop Cheong – haben einen süßlich-pikanten Geschmack.
Cholesterin: wachsartige, fettähnliche Substanz, die im menschlichen Körper gebildet wird und sich darüber hinaus vor allem in tierischen Nahrungsmitteln befindet. Zwar ist eine bestimmte Menge für die Aufrechterhaltung der Körperfunktionen notwendig, doch kann sich Cholesterin – im Übermaß vorhanden – in den Arterien ansammeln und zu einer Erkrankung der Herzkranzarterien führen. Siehe auch Einfach ungesättigte Fettsäuren; Gesättigte Fettsäuren; Mehrfach ungesättigte Fettsäuren.
Dunkler chinesischer Essig (auch Chenkong- oder Chinkiang-Essig genannt): dunkler Essig aus fermentiertem Reis.
Dunkles Sesamöl: aus reichlich mehrfach ungesättigten Fettsäuren bestehendes Öl, das aus gerösteten Sesamsamen gewonnen wird. Es hat einen relativ niedrigen Siedepunkt. Nicht zu verwechseln mit den helleren Sesamölen aus ungerösteten Sesamsamen.
Einfach ungesättigte Fettsäuren: einer von drei Bausteinen des in Nahrungsmitteln enthaltenen Fettes. Einfach ungesättigte Fettsäuren erhöhen den Cholesterinspiegel des Blutes vermutlich nicht. Manche Öle mit einem hohen Anteil an einfach ungesättigten Fettsäuren – wie beispielsweise Olivenöl – sollen den Cholesterinspiegel sogar günstig beeinflussen.
Einkochen: eine Flüssigkeit kochen, um sie einzudikken und ihr Aroma zu konzentrieren.
Estragon: aromatisches Würzkraut, dessen Geschmack durch Erhitzen intensiver wird. In gegarten Gerichten sollte es deshalb sparsam verwendet werden.
Fenchel (auch Gemüsefenchel): Gemüse mit fedrigem Grün und einem zwiebelartig verdickten Stengel. Es hat einen typischen Geschmack und kann roh oder gegart gegessen werden. Das Grün läßt sich als Garnierung oder als Gewürz verwenden.
Fenchelsamen: der aromatische getrocknete Samen des Gewürzfenchels, eines Verwandten des Gemüsefenchels, der wegen seines ausgeprägten Geschmacks in vielen italienischen Gerichten verwendet wird. Auch in Currypulver und Chinagewürz ist Fenchelsamen enthalten.
Fermentierte schwarze Bohnen: Sojabohnen, die – manchmal auch mit der Schale von Zitrusfrüchten – in Salzlake eingelegt sind und für chinesische Gerichte verwendet werden. Um überschüssiges Salz zu entfernen, werden die Bohnen vor ihrer Verwendung mit Wasser abgespült.
Fett: Grundbaustein vieler Nahrungsmittel, der drei verschiedene Arten von Fettsäuren enthält – gesättigte, einfach ungesättigte und mehrfach ungesättigte Fettsäuren. Sie kommen in unterschiedlichen Mengen vor. Siehe auch Einfach ungesättigte Fettsäuren; Gesättigte Fettsäuren und Mehrfach ungesättigte Fettsäuren.
Fett insgesamt: der Gehalt an mehrfach ungesättigten, einfach ungesättigten und gesättigten Fettsäuren in der Nahrung. Nach heutigen ernährungswissenschaftlichen Erkenntnissen sollten höchstens 25–30 Prozent des täglichen Energiebedarfs durch Fettanteile in der Nahrung geliefert werden. In diesem Buch gibt der Begriff den Gesamtfettgehalt des betreffenden Gerichts an.
Fischsauce (auch Nuoc mam und Nam pla genannt): dünne braune, salzige Flüssigkeit, die aus fermentiertem Fisch hergestellt wird. In der südostasiatischen Küche wird sie zur Intensivierung verschiedener Aromen eines Gerichtes verwendet. Ist Fischsauce nicht erhältlich, wird sie durch eine Mischung aus einem Teil Sardellenpaste und vier Teilen Wasser ersetzt.
Frühlingszwiebeln: schlanke Verwandte der Zwiebel mit verdickten weißen Basen und langen grünen Blättern.
Gesättigte Fettsäuren: eine der Fettsäuren, die im Fett vorhanden sind. Gesättigte Fettsäuren sind in großen Mengen in tierischen Produkten sowie in Kokosfett und Palmöl enthalten. Sie können den Cholesterinspiegel im Blut ungünstig beeinflussen. Da ein hoher Cholesterinspiegel Herzerkrankungen verursachen kann, sollte darauf geachtet werden, daß der Anteil gesättigter Fettsäuren in der täglichen Nahrung auf etwa 10 Prozent der täglichen Energiezufuhr reduziert wird. Siehe auch Einfach ungesättigte Fettsäuren; Mehrfach ungesättigte Fettsäuren.
Glasnudeln (auch Mungobohnennudeln genannt): asiatische Teigwaren aus verschiedenen pflanzlichen Stärkemehlen, meist aber aus Mungobohnen. Glasnudeln sollten in heißes Wasser gelegt werden, bis sie weich sind.
Gyoza-Teighülle: rundes Wan-tan-Teigblatt.
Hartweizengrieß: gemahlenes Endosperm von Durum-Weizenkörnern. Hartweizengrieß eignet sich hervorragend zur Nudelherstellung.
Hoisinsauce: dickflüssige, rötlichbraune Sauce, die im allgemeinen aus Sojabohnen, Mehl, Knoblauch, Zucker und Gewürzen hergestellt wird. Am bekanntesten ist ihre Verwendung für Peking-Ente.
Ingwer: würzige, braungelbe Wurzel der Ingwerpflanze, die frisch oder getrocknet und pulverisiert zum Würzen verwendet wird. Man sollte in Rezepten frische Ingwerwurzel nie durch getrocknete ersetzen.
Joule: eine nach dem britischen Physiker James P. Joule benannte Maßeinheit für die Energiemenge, die ein Nahrungsmittel beim verbrennungsähnlichen Stoffwechselvorgang liefert. Eine Einheit (kj) entspricht etwa 4,2 Kilokalorien (kcal).
Kalorie (korrekt Kilokalorie): Maßeinheit für die Energie, die ein Nahrungsmittel beim verbrennungsähnlichen Stoffwechselvorgang liefert.
Kaltgepreßtes Olivenöl: siehe Olivenöl.
Kardamom: bittersüße, getrocknete Samen einer Pflanze aus der Familie der Ingwergewächse. Sie können ganz oder gemahlen verwendet werden. Wird bei uns unter anderem zum Würzen von Gebäck (Spekulatius) verwendet.
Kleber: festes „Netz" aus Eiweißmolekülketten, das entsteht, wenn sich die in Mehl enthaltenen Eiweißanteile mit Wasser verbinden.
Kokosmilch, ungesüßte: aus frischem oder getrocknetem Kokosfleisch extrahierte Flüssigkeit. Ungesüßte Kokosmilch wird in Dosen oder gefroren angeboten. Da sie reich an gesättigten Fettsäuren ist, sollte man sie nur sparsam verwenden.
Koriander: erdig schmeckender Samen der Korianderpflanze, die oft für Currys verwendet werden. Siehe auch Korianderblätter.
Korianderblätter: frische Blätter der Korianderpflanze. Sie verleihen vielen lateinamerikanischen, indischen und asiatischen Gerichten ein zitronenartiges, angenehm scharfes Aroma. Korianderblätter erinnern an glattblättrige Petersilie.
Kreuzkümmel: Samen einer mit dem Kümmel verwandten Pflanze. Die rohen Samen verleihen Curry und Chilipulver ein angenehm bitteres Aroma. Geröstet haben sie einen nussigen Geschmack.
Mehrfach ungesättigte Fettsäuren: eine der im

Fett vorkommenden Fettsäuren. Mehrfach ungesättigte Fettsäuren sind reichlich in Sonnenblumen-, Distel-, Maiskeim- und Sojaöl vorhanden. Sie können mithelfen, den Cholesterinspiegel im Blut zu senken.
Mifun: siehe Reisnudeln.
Mirin: gesüßter japanischer Reiswein, der zum Kochen verwendet wird. Ist Mirin nicht erhältlich, kann statt dessen eine Mischung aus gleichen Teilen Zucker und Sake, trockenem Sherry oder Weißwein verwendet werden.
Mu-Err-Pilze (auch Wolkenohren, Judasohren, Holzohren, Holunderpilze, Baumohren und schwarze Pilze genannt): geschmacklose Pilze mit silbrigen Rändern, die hauptsächlich ihrer knackigen Beschaffenheit und ihrer dunklen Farbe wegen verwendet werden.
Mungobohnenkeime: Keime der grünen Mungobohne. Man sollte nur frische Mungobohnenkeime verwenden, da Bohnenkeime aus der Dose oft nicht mehr knackig sind.
Mungobohnennudeln: siehe Glasnudeln.
Natrium: lebenswichtiger Mineralstoff, der dem Körper meist in Form von Kochsalz, das zu 40 Prozent aus Natrium besteht, zugeführt wird. Zuviel Natrium ist jedoch schädlich, es kann zu Bluthochdruck und dadurch zu Herzerkrankungen führen. 1 TL Kochsalz (ca. 5 g) enthält ca. 23mg Natrium, was etwas über der von der WHO empfohlenen Höhe der täglichen Zufuhr liegt.
Olivenöl: Bezeichnung für alle aus Oliven gewonnenen Öle. Naturreines, kaltgepreßtes Olivenöl hat einen besonders feinen, fruchtigen Geschmack. Die drei Qualitätsstufen – „Olivenöl extra" oder „Jungfernöl erster Pressung", „Olivenöl fein" und „Olivenöl mittelfein" – unterscheiden sich vor allem durch ihren Ölsäuregehalt. Daneben gibt es noch das geschmacksneutrale „Raffinierte Olivenöl" und „Reines Olivenöl" oder „Olivenöl". Letzteres ist eine Mischung aus raffiniertem und naturreinem Olivenöl und hat den höchsten Säuregehalt. Damit das Öl nicht ranzig wird, sollte es an einem kühlen, dunklen Platz aufbewahrt werden.
Pilze, getrocknete chinesische: vor der Verwendung müssen getrocknete chinesische Pilze mindestens 20 Minuten in kochendheißem Wasser eingeweicht werden. Anschließend entfernt man ihre holzigen Stiele. Um Pilzweichwasser als Würze zu verwenden, gießt man es vorsichtig durch ein Haarsieb ab, um den am Boden angesammelten Sand zu entfernen und eine klare Flüssigkeit zu erhalten. Eingeweichte Pilze können in Klarsichtfolie eingewickelt im Kühlschrank aufbewahrt werden. Siehe auch Chinesische schwarze Pilze; Mu-Err-Pilze; Shiitakepilze und Strohpilze.
Pinienkerne: Samen aus den Zapfen der Pinie, einem im Mittelmeerraum heimischen Baum. Pinienkerne werden für Pesto und andere Saucen benutzt. Ihr butterartiger Geschmack kann durch leichtes Rösten intensiviert werden.
Radicchio: kleine italienische Kopfsalatsorte, deren rot-weiß marmorierte Blätter einen angenehm zartbitteren Geschmack haben.
Rauke: Salatpflanze mit langen belaubten Stengeln von pfeffrigem Geschmack.
Reduzieren: siehe Einkochen.
Reisweinessig: ein milder, duftender Essig, weniger dominant als Apfelessig und nicht so scharf wie Branntweinessig. Er ist dunkel, hell, gewürzt und gesüßt erhältlich. Japanischer Reisweinessig ist im allgemeinen milder als chinesische Sorten.
Reisnudeln (auch Mifun genannt): asiatische Teigwaren aus Reisstärke, die als Bandnudeln, in Form von dünnen Spaghetti, als Quadrate oder Teigblätter bzw. -hüllen erhältlich sind. Mit Ausnahme der Teigblätter müssen alle Reisnudeln in siedendheißem Wasser eingeweicht oder gekocht werden. Teigblätter nur kurz in warmes Wasser tauchen, damit sie weich werden.
Reiswein: chinesischer Reiswein *(shao-hsing)* wird aus Reis und Wein hergestellt. Japanischer Reiswein *(sake)* schmeckt etwas anders, kann aber als Ersatz verwendet werden. Ist Reiswein nicht erhältlich, statt dessen trockenen Sherry benutzen. Siehe auch Mirin.
Safran: getrocknete, gelbliche Blüten-Narben (oder -fäden) des Safrankrokus *(Crocus sativus)*, die ein leicht bitteres Gewürz liefern. Safranpulver würzt schwächer als Safranfäden.
Sambal Oelek: indonesische Sauce aus Chilischoten, die in asiatischen Spezialitätengeschäften erhältlich ist. Sambal Oelek ist ein ausgezeichneter Ersatz für frische und getrocknete Chilischoten.
Säurebeständiges Gefäß: Kochgeschirr, wie Topf oder Pfanne, das nicht mit sauren Nahrungsmitteln reagiert. Es kann aus rostfreiem Stahl, Emaille, Glas oder einer Beschichtung oder Legierung bestehen. Unbeschichtetes Gußeisen und Aluminium reagieren manchmal mit Säuren, wodurch sich die Speisen verfärben oder einen merkwürdigen Geschmack annehmen.
Sautieren: ein Nahrungsmittel, vor allem Gemüse, in kleinen Mengen Fett bei starker Hitze – meist in einer offenen Pfanne – unter Schwenken garen, ohne daß es bräunt.
Sesamöl: siehe Dunkles Sesamöl.
Shiitakepilze: ursprünglich nur in Japan kultivierte Pilzsorte mit intensivem Aroma. Shiitakepilze werden frisch und getrocknet angeboten. Getrocknete Shiitakepilze sollte man vor ihrer Verwendung einweichen und von den Stielen befreien. Siehe auch Pilze, getrocknete chinesische.
Somen: sehr dünne weiße japanische Weizennudel.
Sonnengetrocknete Tomaten, in Öl eingelegte (pomodori secchi): werden offen oder im Glas in italienischen Lebensmittelgeschäften verkauft. Bei den vorwiegend in Süditalien hergestellten Konserven handelt es sich um kleine, fleischige Tomaten, die an der Sonne getrocknet und anschließend in mit Kräutern aromatisiertem Öl eingelegt werden. In Italien werden sie entweder als Antipasto serviert oder als geschmacksbestimmende Zutat verwendet.
Sternanis: sternförmiges Gewürz, das ähnlich wie Anissamen schmeckt und am häufigsten für Schmorgerichte verwendet wird. Gemahlener Sternanis ist ein Bestandteil des chinesischen Fünf-Gewürz-Pulvers.
Strohpilze: erwerbsmäßig gezogene Pilze mit einem spitzen Hut und einer seidigen Oberfläche. Strohpilze werden meist in Dosen oder Gläsern angeboten. Getrocknete Pilze müssen vor ihrer Verwendung mindestens 20 Minuten lang in siedendheißem Wasser eingeweicht werden. Siehe auch Pilze, getrocknete chinesische.
Süße Chilisauce: Sammelbezeichnung für asiatische Saucen, die aus Chilischoten, Essig, Knoblauch, Zukker und Salz hergestellt werden. Man kann sie als Würze zu Fleisch, Geflügel oder Fisch reichen oder als Zutat in ein Gericht geben. Thailändische Sorten, die Samen und kleine Stücke von Chilischoten enthalten, sind sehr viel milder als die ketchupartigen süßen Chilisaucen aus Malaysia und Singapur. Ist süße Chilisauce nicht erhältlich, kann statt dessen eine Mischung aus jeweils 1 EL hellem Sirup und Reisweinessig und 1 bis 2 TL zerstoßenen getrockneten Chillies verwendet werden.
Tabascosauce: eine scharfe ungesüßte Chilisauce.
Thymian: vielseitiges Würzkraut von leicht fruchtigem Geschmack und intensivem Duft.
Wasabi: japanische Meerrettichart, die gewöhnlich in Pulverform angeboten wird. Mit Wasser vermischt entsteht daraus eine scharfe, grüne Paste, die man zu Nudeln oder *sushi* (kleine Häppchen aus Reis, der eine Füllung umhüllt) reicht.
Wasserkastanie: walnußgroße Samenkerne einer asiatischen Schwimmpflanze mit einer rauhen, braunen Schale und weißem, süßem, knackigem Fleisch. Um Wasserkastanien aus Dosen zu lagern, werden sie zuerst blanchiert oder gewaschen und dann in frisches Wasser gelegt, das man täglich erneuern muß. So halten sie sich im Kühlschrank bis zu drei Wochen. Ein knackiges Gemüse von mildem Geschmack wie der Topinambur eignet sich recht gut als Ersatz.
Weißer Pfeffer: reife, rote Beeren des Pfefferstrauchs, deren äußeres Fruchtfleisch entfernt worden ist. Weißer Pfeffer wird bevorzugt für helle Speisen und Saucen verwendet. Er ist milder als der schwarze Pfeffer aus getrockneten, unreifen, grünen Beeren des Pfefferstrauchs.
Wolkenohr: siehe Mu-Err-Pilze.
Wan-tan-Teighüllen (auch Won-tans oder Won-tons): dünne Teigblätter, etwa 8 cm im Quadrat, aus Weizenmehl und Eiern. Sie werden verwendet, um Teigtaschen mit würzigen Füllungen aus Fleisch, Fisch oder Gemüse herzustellen.
Zitronengras: lange holzige Stengel, die ähnlich wie Frühlingszwiebeln aussehen und nach Zitrone schmecken. Zitronengras ist in asiatischen Spezialitätengeschäften erhältlich. Es läßt sich in Klarsichtfolie eingewickelt bis zu zwei Wochen im Kühlschrank lagern oder auch einfrieren.
Zitrusblätter: Blätter eines Zitrusbaumes *(Citrus hystrix)*, die in der südostasiatischen Küche wegen ihres ausgeprägten Aromas verwendet werden. In asiatischen Spezialitätengeschäften sind sie frisch, tiefgefroren und getrocknet erhältlich. Als Ersatz kann man auch frische Zitronen- oder Limettenblätter beziehungsweise abgeriebene Schale von ungespritzten Zitronen verwenden.

Register

Quellennachweis der Abbildungen

Alle Photos in *Teigwaren auf Neue Art* stammen von Renée Comet, ausgenommen die folgenden:

Einband: James Murphy; 2 oben und Mitte: Carolyn Wall Rothery; 4 unten links: Michael Latil; 5 oben rechts: Michael Latil; 9: Rina Ganassa; 12–13: Taran Z; 18 oben: Steven Biver; unten: Taran Z; 20 rechts: Taran Z; 21, 22: Steven Biver; 23 oben: Taran Z; unten: Steven Biver; 25: Steven Biver; 26 links: Michael Latil; rechts: Taran Z; 27: Steven Biver; 30: Michael Latil; 32: Steven Biver; 36: Michael Latil; 38: Steven Biver; 39 oben: Taran Z; unten: Steven Biver; 44–45: Taran Z; 51 oben: Michael Latil; 60 unten: Michael Latil; 61: Karan Knauer; 67: Michael Latil; 72: Aldo Tutino; 84 oben: Michael Latil; 90, 92, 94, 96: John Elliott; 99, 102–103: Taran Z; 105, 108, 111–112: Michael Latil; 113: John Elliott; 115, 119, 120: Michael Latil; 121: John Elliott; 122, 123, 126: Michael Latil; 127: Taran Z; 129, 130: Michael Latil; 132: John Elliott; 133–136, 138, 139: Michael Latil.

Danksagungen

Die Herausgeber danken besonders: Mary Jane Blandford, Alexandria, Virginia, USA; Nora Carey, Paris; Chong Su Han, Grass Roots Restaurant, Alexandria, Virginia, USA; Carol Gvozdich, Alexandria, Virginia, USA; Kathy Hardesty, Columbia, Maryland, USA; Nancy Lendved, Alexandria, Virginia, USA; Ken Pierpoint, Owing Mills, Maryland, USA; Tajuana Queen, Washington D.C.; Ann Ready, Alexandria, Virginia, USA; Linda Robertson, Jud Tile, Vienna, Virginia, USA; Troiano Marble, Beltsville, Maryland, USA; Tina Ujlaki, New York, N.Y.; Phyllis Van Auken Antiques, Kensington, Maryland, USA; Rita Walters, London; Sarah Wiley, London; Ci Ci Williamson, Alexandria, Virginia, USA.

Die Herausgeber danken ebenfalls folgenden Personen und Institutionen: The American Hand Plus, Washington, D.C., Stuart Berman, Washington, D.C., USA; Dr. John Brown, Health Education Council, London; Max Busetti, National Pasta Association, Arlington, Virginia, USA; Jackie Chalkley, Washington, D.C., China Closet, Bethesda, Maryland, USA; Nic Colling, Home Produce Company, Alexandria, Virginia, USA; Lynn Corbyn, Burgess Hill, Sussex, England; Shirley Corriher, Atlanta, Georgia, USA; Sonny Di Martino, Safeway, Alexandria, Virginia, USA; Rex Downey, Oxon Hill, Maryland, USA; Dennis Drake, Dr. Jacob Exler, Ruth Matthews, U.S. Department of Agriculture, Hyattsville, Maryland, USA; Flowers Unique, Inc., Alexandria, Virginia, USA; Susan Gatenby, King's College London, (Kensington Campus), London; Kitchen Bazaar, Washington, D.C.; Kossow Gourmet Produce, Washington, D.C.; A. Litteri, Inc., Washington D.C.; Mary Lou, Golden Wok Restaurant, Washington, D.C.; Nick Lyddane, Imperial Produce, Washington, D.C.; Ron Naman, Sutton Place Gourmet, Washington, D.C.; Edward and Robert Nevy, Cumberland Macaroni Manufacturing Company, Cumberland, Maryland, USA; Lisa Ownby, Alexandria, Virginia, USA; The Pasta Information Centre, London; Leon Pinto, Gourmand Inc., Alexandria, Virginia, USA; Joyce Piotrowski, Vienna, Virginia, USA; Jerry Purdy, Giant Food, Landover, Maryland, USA; Tin T. Quang, East Wind Restaurant, Alexandria, Virginia, USA; RT's Restaurant, Alexandria, Virginia, USA; James Rzepny, Ticonderoga Farms, Chantilly, Virginia, USA; Ronnie Sarragaso, Sutton Place Gourmet, Bethesda, Maryland, USA; Straight from the Crate, Inc., Alexandria, Virginia, USA; U.S. Fish, Alexandria, Virginia, und Kensington, Maryland, USA; Williams-Sonoma, Washington, D.C.

Satz: Utesch Satztechnik GmbH, Hamburg
Druck und Einband: Brepols S.A., Turnhout, Belgien

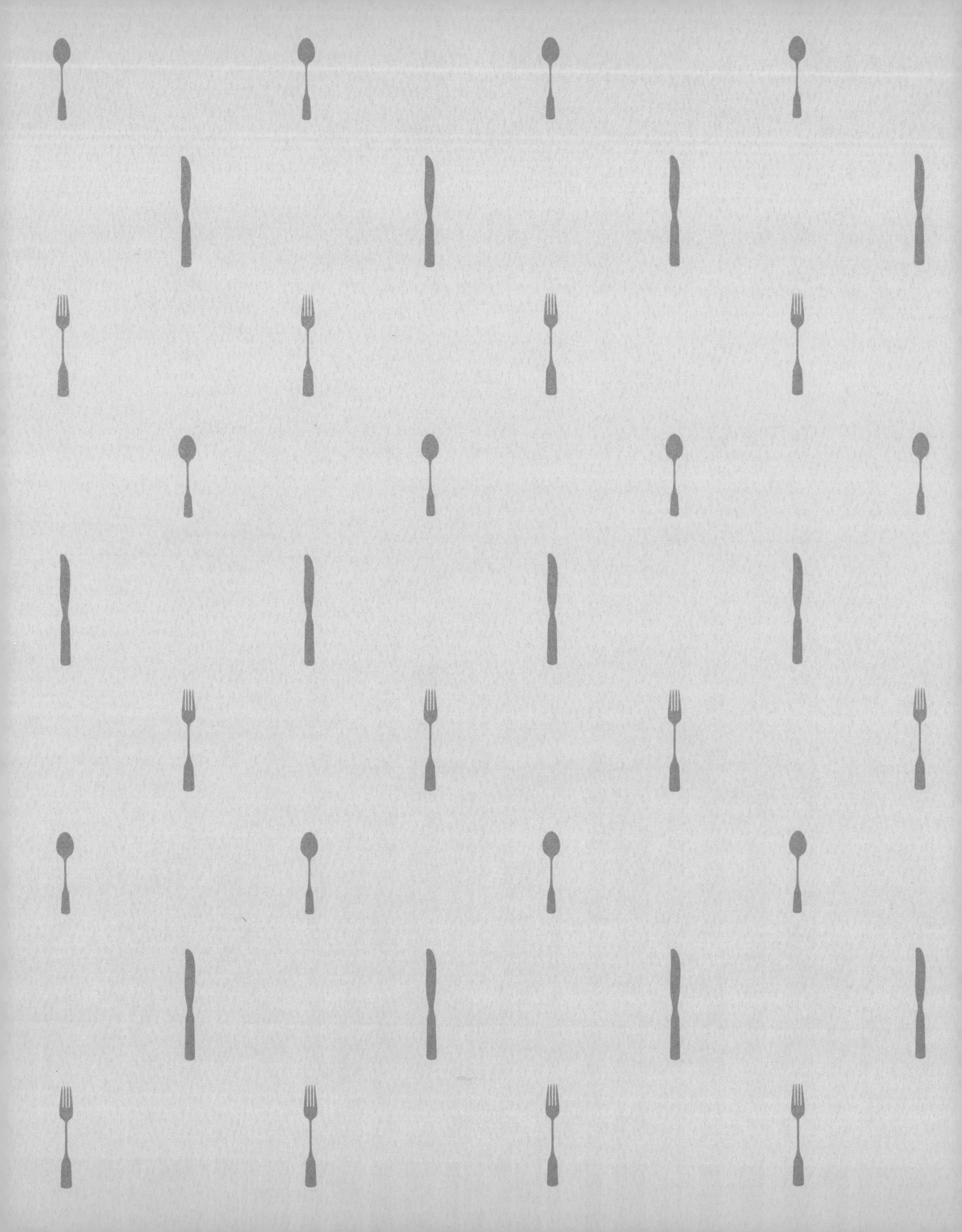